당신의
어린 시절이
울고 있다

당신의
어린 시절이
울고 있다

몸에 밴 상처에서 벗어나는
치유의 심리학

다미 샤르프 지음 | 서유리 옮김

Auch alte Wunden
können heilen

동양북스

이 책을 어린 시절의 나에게 바친다.

|3장| 어린 시절의 나와 지금의 내가 만나다

|4장| 몸은 과거의 비밀을 알려주는 열쇠다

아무리 강한 사람도
혼자서는 상처를 치유할 수 없다

행복은 디폴트가 아니다

점점 더 많은 사람이 고통에 시달리고 있다. 그것도 아주 오랫동안. 하지만 그 이유를 알지 못한다. 고통의 증상은 여러 형태로 나타난다. 때로는 우울증이나 번아웃 증후군으로, 때로는 불안 장애나 만성 긴장의 형태로 나타나기도 한다. 그리고 단절감이나 남들과 다르다는 느낌, 불만족, 무의미함, 외로움 등의 내적 감정의 형태로 더 자주 나타난다.

그래서 많은 사람이 수년째 자신의 증상과 고통의 해결책을 찾아다닌다. 어떤 사람들은 수년 동안 심리치료를 받지만 삶에 대해 느끼는 감정이 크게 나아지지 않는다. 결국에는 모두 자신에게 문제가 있고 자신은 무능력하며 다른 사람보다 훨씬 못하다는 감정만 남게 된다. 셀 수 없이 많은 사람들이 이유도 모른 채, 도움도 구하지 못하고 해결책도 찾지 못한 채 살아간다. 자신이 느끼는 고통의 진짜 원인을 잘 모르기 때문이다.

우리 사회는 행복, 아름다움, 끊임없는 재미가 정상이고 이런 것을 경험하지 못하거나 느끼지 못하면 실패했다고 간주하는 경향이 있다. 날씬한 것이 건강과 아름다움의 동의어가 되어버렸고, 돈은 성공의 동의어이며 재미는 곧 행복이 되어버렸다.

하지만 자세히 들여다보면 겉으로 드러난 모든 곳에서 금이 가고 있는 것을 볼 수 있다. 고통, 불안, 우울증, 번아웃 증후군, 내적 공허, 외로움, 소외, 불면증, 관계에서 오는 좌절감, 지속적인 스트레스 등 여러 증상과 문제들이 점점 더 만연하고 있다. 유감스럽게도 상당수의 치료사를 비롯한 많은 사람들은 이런 모든 증상이 서로 다른 이유에서 기인한다고 생각하고 각각의 다른 해결책을 찾느라 힘들어하고 있다. 그런데 진짜 변하는 것은 없고, 결국 또다시 좌절하게 된다.

문제는 우리의 몸속에 숨어 있다

그렇다면 뭐가 문제일까? 나는 '단절 고리', 즉 우리 마음속에 부족한 퍼즐 조각을 찾는 데 수년이 걸렸다. 사실 우리가 느끼는 고통의 원인은 어떤 패턴이나 고정관념 저편에 존재한다. 부족한 퍼즐 조각을 찾는다고 해서 문제가 해결되거나 증상이 바로 치료되는 것은 아니다. 하지만 잘못된 사고 패턴이나 고정관념이 뭔지를 깨닫고 벗어날 수 있게 도와줄 수는 있다. 우리의 고통이 쉽게 해결되지 않는 이유는 진짜 문제가 우리의 기억 속, 마음속, 그리고 몸속에 꼭꼭 숨어 있기 때문이다.

나는 이 책을 통해 그 고통의 원인을 어떻게 하면 알아낼 수 있는지 이야기하려고 한다. 그래서 조금이나마 고통이 줄어들기를 바란다.

우리 삶에 가장 큰 영향을 미치는 사건은 태어난 이후 불과 몇 년의 시간 안에 일어난다. 그런데 성인이 된 우리에게 이미 그 기억은 사라지고 없기 때문에 우리는 그 시기가 우리의 일생을 좌우하고 있다고는 생각조차 하지 못한다. 하지만 분명히 이 시기에 우리 삶의 가장 중요한 안정적 토대가 마련되며, 이때 받은 상처는 이러한 토대가 생성되는 것을 방해하거나 제한해서 많은 사람의 인생에 긴 그림자를 남긴다.

나는 이러한 옛 상처들을 이 책에서 '발달 트라우마'라고 부를 것이다. 여기서 '트라우마'라는 개념 때문에 겁먹지 않기를 바란다! 보통 트라우마라고 하면 흔히 쇼크 트라우마, 즉 한 번의 충격적인 경험으로 생긴 거라고 생각하는 경우가 많지만 그렇지 않은 경우도 많다. 예를 들어 만성적으로 존재감을 무시당하거나 습관적으로 부정적인 피드백을 받아도 트라우마는 남는다. 이것이 발달 트라우마의 특징이다.

상처는 사라지는 것이 아니라 통합하는 것이다

어린 시절에 어떤 상처를 받았는지 잘 알게 되는 것만으로는 변화를 끌어낼 수 없다. 많은 사람들이 상담을 통해 어린 시절의 상처에 대해 모든 것을 설명할 수는 있어도 더 나아가지는 못한다. 이것도 '단절 고리'의 한 부분이다.

만약 모든 것이 인식, 즉 이성에 대한 문제라면 어떤 일이 벌어졌는지 알기만 하면 곧바로 깨달음을 얻을 수 있을 것이다. 하지만 문제가 그렇게 간단히 해결되지는 않는다. 새로운 좋은 경험이 쌓이지 않으면 별 도움이 되지 않는다. 그럼에도 인식은 해결의 첫 번째 발걸음이다.

나는 이 책을 통해 어린 시절의 상처가 우리 삶에 어떤 영향을 미치는지, 그것을 인식하는 데 도움이 되기를, 또 그 오래된 상처를 어떻게 치유해야 하는지를 이야기하려고 한다. 치유라는 말 자체가 거창해 보이지만 내가 생각하는 치유의 의미를 우선 설명하고 싶다.

살아가면서 무엇을 경험하든지 그 경험을 지워버릴 수도, '벗어던질' 수도, 그냥 없었던 일로 생각할 수도 없다. 그 경험들은 모두 우리 역사의 일부분이다. 따라서 치유는 흉터가 남지 않는다는 의미가 아니다. 원래 의학적으로도 그런 치유는 불가능하다. 내가 생각하는 치유는 '통합'한다는 의미이다. 과거에 벌어진 일에 어떤 의미를 부여하고 그것을 자신의 삶과 통합한다는 뜻이다. 이와 더불어서 새로운 좋은 경험을 만들어서 옛 상처가 더는 지금의 삶을 지배하지 못하게 하는 것이다. 이렇게 통합하기 위해서는 지금 주어진 대로 적응하면서 살아가는 게 아니라 뭔가 새로운 행동을 해야 한다. 즉, 여기서 말하는 통합이란 내가 살아가는 인생에서 유대감을 만드는 것이다.

나는 이 책에서 용기를 북돋아주고 싶다. 삶이란 원래 누구에게나 힘든 것이지만 그럼에도 불구하고 충만한 삶을 살아갈 수 있다는 것을 보여주고 싶다. 나는 어느새 30년째 마음이 힘든 사람들을 상담하면서 살고 있다. 이 오랜 세월 동안 나 자신도 어린 시절을 되돌아보고 현재의 삶과 통합하기 위해 노력했고 그 과정에서 나도 많은 것을 배웠다.

　인간이라는 것이 얼마나 깨지기 쉽고 상처 받기 쉬운 연약한 존재인지를 배웠고, 아무리 강해 보이는 사람도 결코 혼자서는 상처를 치유할 수 없다는 것도 배웠다. 타인과의 관계 그리고 접촉은 언제나 치유 과정의 핵심적인 과제이다. 나는 이런 접점을 통해서 내 몸에 이미 배어버린 오래된 상처도 치유할 수 있다고 확신한다. 이제 이 책의 내용을 자신의 것으로 만드는 것은 독자 여러분에게 달려 있다! 즐거운 시간이 되기를 바란다!

2017년 8월
다미 샤르프

1장

어린 시절이라는 비밀 창고

"어린 시절의 상처는 왜 평생을 따라다닐까?"

우리가 기억하지 못하는 어린 시절의 비밀

누구나 안고 있는 이런저런 모순과 문제들의 뿌리는 대개 어린 시절에 들어 있다. 케케묵은 진부한 말 같지만 소름끼치도록 진실인 경우가 많다. 수년 동안 나 자신을 포함한 많은 사람들을 연구한 결과, 이 말이 옳다는 것을 확인할 수 있었다. 그런데 내가 말하는 어린 시절은 어쩌면 사람들 대부분이 생각하는 것과 완전히 다를 수 있다. 여기서의 어린 시절은 생애 초기, 즉 우리가 기억하지 못하는 시기를 말한다. 우리가 거의 기억하지도 못하는 이 시기의 경험은 생각보다 더 깊이 우리 삶에 영향을 미친다. 그럼에도 이 시기의 중요성에 대해서는 별로 알려지지 않았다. 나는 이 특별한 지식이 누구나 아는 상식이 되기를 바란다. 이 사실을 알게 되면 자기 자신을 이해하고 고통과 삶의 무력감에서 벗어나는 데 도움이 될 것이다.

어린 시절의 상처는 삶에 다양한 종류와 방식으로 영향을 미친다. '상처'는 그리스어로 '트라우마'이다. 트라우마는 이미 널리 알려져 사람들의 입에 오르내리고 있지만 동시에 여전히 잘못 사용되고 있다. 우리는 흔히 트라우마를 전쟁, 성폭력, 고문과 같이 끔찍하고 잔인한 경험과 연결 짓지만, 이것은 한 단면일 뿐이다. 트라우마는 생각보다 널리 퍼져 있다. 이 책을 읽고 있는 독자들 대부분도 트라우마 하나쯤은 갖고 있을 것이다.

이를테면 트라우마 중에는 자라면서 일상적인 상처를 통해 얻은 '발달 트라우마'가 있다. 성인이 된 지금의 시각에서 보면 '별로 대수롭지 않다'고 여길 수도 있지만, 어린 시절에 감당하기에는 심각하게 부정적인 영향을 미치는 경험을 했을 때 생긴다. 이것은 주로 부모가 아이를 대하는 방식을 통해 만들어지는데, 극단적인 사건이나 잔혹함 때문이 아니라 부모의 무지나, 선입견, 능력 부족 때문에 벌어진다.

사람 몸에 새겨진 동물의 유전자

어떤 사건의 결과를 이해하려면 가장 먼저 우리가 위험에 어떻게 반응하는지 알아야 한다. 이것은 생물학적인 반응으로 결코 병적이거나 비정상적인 것이 아니다. 위험에 처했을 때 우리를 가장 먼저 지배하는 것은 본능이고, 또 그렇기 때문에 생존할 수 있다. 이런 생존 메커니즘으로부터 나오는 반사들은 비교적 많이 알려져 있는데 투쟁 또는 도피 반응, 제압당할 때의 경직 반응 등이다.

'투쟁 또는 도피' 반응은 위기 상황에서 재빠르게 나오는 생명체의 반응을 말한다. 이 개념은 미국의 생리학자인 월터 캐넌Walter Cannon이 1915년 자신의 저서 『분노, 배고픔, 불안과 고통 : 감정의 생리학』에서 언급했다. 캐넌은 한스 셀리에Hans Selye와 함께 스트레스 연구의 선구자로 통한다.

다음과 같은 위험 상황을 가정해보자. 캐나다에서 숲속을 산책하고 있는데 갑자기 어떤 소리가 들린다. 내 몸은 반사적으로 반응을 보이는데, 먼저 공포 반사가 일어나 근육이 수축된다. 그래서 나는 몸을 움츠린다. 그런 다음에 대부분의 사람이 의식하지 못하는 일이 일어난다. 몸을 뻗어서 소리가 들리는 곳을 향해 귀를 기울인다. 소리가 나는 곳을 향해 귀를 기울이는 것은 아주 중요한 반응으로 우리에게 긴장을 풀어도 되는지 안 되는지를 알려준다. 이런 상황에서 나는 깨어 있고 주의를 집중하고 나의 모든 초점은 위험이 도사리고 있는지 알아내는 데 완전히 집중된다.

이때 바스락거리는 소리가 들리고, 나는 깜짝 놀라서 움찔한 다음 소리가 나는 방향을 쳐다봤다. 그리고 곰을 발견했다. 그러면 몸은 즉각 경고 반응을 일으킨다.

이때 내 몸에서는 어떤 일이 일어날까? 가장 먼저 나의 주의력은 자극에 완전히 집중되는데, 어쩌면 '터널 시야 현상'을 경험할 수도 있다. 시야는 좁아지고 눈앞의 상황에만 온 신경이 쏠린다. 예를 들어 나는 새로운 부엌의 타일을 무슨 색으로 할지 따위는 생각하지 않는다. 동시에 내 몸의 생존 메커니즘은 상황에 적절하게 대처하기 위해서 엄청난 양의 에너지를 준비해놓는다.

이런 과정은 몸에서 놀랄 정도로 순식간에 일어난다. 몸은 투쟁 또는 도피를 위한 대처에 들어가고 의식적인 결정은 배제된다. 이런 순간에는 우리 뇌의 오래된 부위들이 주도권을 잡고 비상 상황에 맞는 복잡한 생리적인 과정들을 진행시킨다.

그렇다면 다시 숲의 상황으로 돌아가보자. 이제 여기서 여러 가지 시나리오가 일어날 수 있다. 첫 번째 시나리오. 곰은 나직이 으르렁거리면서 몸을 돌리고 자기 갈 길을 간다. 그러면 내 몸은 다시 정상으로 돌아온다. 이런 과정은 조금 시간이 걸리는데 아드레날린이 분출되는 전형적인 상황이 벌어진다. 다리에 힘이 풀리고 어쩌면 몸이 덜덜 떨리고 아마도 누군가에게 이 얘기를 털어놓으면서 그 사람의 품에 안기고 싶은 욕구를 느낄 것이다.

두 번째 시나리오. 곰이 공격하려는 듯이 터벅터벅 다가온다. 이 경우 뇌의 가장 오래된 부위인 뇌간이 활동한다. 지금까지 저장된 유사한 위협 경험들을 불러내어 상황을 신속하게 판단한다. 여기서 중요한 것은 우리의 반응을 결정하는 것이 의식적인 생각이 아니라는 것이다. 이런 상황에서는 장단점을 따져볼 수 있는 시간이 없다. 생사가 달린 문제이기 때문이다.

만약 곰이 우리를 공격하면 뇌간은 아마도 도망치라는 신호를 보낼 것이다. 그러면 우리는 위험으로부터 가능한 한 빨리 도망친다.

위기 상황이 몸에 배어버린다면?

하지만 안타깝게도 곰은 사람보다 빠르다. 만약 곰이 나를 따라잡으면 어떤 일이 벌어질까? 그렇게 되면 이른바 경직 반응이 나타날 가능성이 크다. 최악의 경우에 나는 기절하거나 탈진할 것이다. 동물의 세계에서는 이런 반응이 중요하다. 동물들은 사냥감이 움직이지 않으면 제대로 인식하지 못하고 그냥 지나치거나 썩은 짐승의 사체로 인식해서 잡아먹으려고 하지 않기 때문이다. 이는 생물학적인 경직 반응이 생존할 가능성을 높이기 위한 본능적인 행위라는 것을 잘 보여준다.

그런데 이런 동물적인 본능이 인간에게는 심각한 결과를 초래한다. 이런 반응이 대개 이른바 '해리 현상'으로 나타나기 때문이다. 해리 현상을 경험한 많은 사람들은 이것을 임사체험처럼 묘사한다. 영혼이 육체에서 빠져나가서 더 이상 고통을 느끼지 않으며 그 일이 자신에게 일어난다는 것조차 실감하지 못하게 되는 것이다. 고통과 상처를 피할 수 있다는 측면에서 보면 어쩌면 해리 현상은 본능이 인간에게 주는 은총일지도 모른다. 문제는 생존에 위협이 되지 않는 상황에서도 몸이 이런 반응을 보인다는 것이다. 실제로는 곰이 나타나지도 않았는데 마치 곰을 만난 것과 같은 신체 반응이 나오는 것이다.

| 당신의 어린 시절이 울고 있다 |

이런 투쟁, 도피, 경직 같은 반응은 진화의 산물로 생존 본능에서 우러나오는 것이다. 이것들은 고도로 발전된 인공지능 기술의 시대와는 어울리지 않는 고대의 낯선 유물처럼 보일지 모르지만 사실 지금도 스트레스와 위험에 대처하는 인간의 반응은 여기서 벗어나지 못한다. 그리고 바로 이 점 때문에 오히려 사회생활, 인간관계에 문제가 발생한다. 생각해보자. 위기 상황이 몸에 배어버려서 별거 아닌 일에도 툭하면 투쟁, 도피, 경직 반응을 보인다면 어떻게 될까? 이것은 주변 사람들을 피곤하게 만들 뿐만 아니라 자기 자신의 건강에도 무척이나 악영향을 끼친다.

우리 몸의 안전장치, 부교감 신경계

그렇다면 공격과 제압을 당할 경우, 몸에서 어떤 일이 일어나는지 구체적으로 살펴보자. 우선, 우리의 몸에는 믿을 수 없을 정도로 많은 에너지가 총동원된다. 마치 집에 벼락이 떨어지기라도 한 것처럼 말이다. 벼락이 떨어지면 일단 220V로 맞춰진 전력에 과부하가 걸리게 되고, 긴급 차단 시스템이 작동해서 퓨즈가 끊어진다. 우리 몸에도 이와 비슷한 일이 일어난다.

부교감 신경계가 비상 안전장치처럼 작동하여 우리 몸을 차단한다. 그 사건과 관련된 끔찍한 감정들로부터 우리를 지켜주는 이런 과정은 즉시 일어날 수도 있고 우리가 싸우고 나서 이기지 못한 다음에 나타날 수도 있다.

쇼크 트라우마의 수많은 전형적인 증상 중에는 이른바 플래시백Flashback과 침해Intrusion가 있다. 사건의 기억과 장면들이 사람을 덮친다는 의미다. 하지만 많은 내담자들이 이런 증상을 보이지 않기도 하고 여러 가지 복잡 미묘한 형태로 나타나는 경우도 많다. 그만큼 어떤 사람의 증상이 트라우마인지 트라우마가 아닌지 구별하는 것은 그리 간단한 일이 아니다. 비록 슬퍼하고 눈물을 흘릴지라도 그 사건에 대해 얘기할 수 있다면, 트라우마 경험은 아닌 경우가 분명 있다.

트라우마로 남은 사람의 경우에는 대개 자신의 경험과 감정 사이에 거리를 두는 해리 상태에서 이야기를 털어놓는다. 이 경우에도 두 가지 방식이 있다. 고통스러운 과거 기억에 압도되어서 몹시 힘들어하는 경우가 첫 번째 경우이고 아예 그 사건으로부터 자신의 감정을 분리해서 남 이야기를 하듯이 하는 경우가 두 번째 경우이다.

트라우마는 일반적인 슬픔과는 차원이 다르다는 특징이 있다. 즉 자신의 감정을 스스로 조절하지 못한다는 것이다.

| 당신의 어린 시절이 울고 있다 |

쇼크 트라우마인지 알아보는 특별한 기준

이렇게 과거를 털어놓는다고 해서 다 트라우마도 아니고 털어놓지 못한다고 해서 트라우마가 아닌 것도 아니기 때문에 이를 구분하기는 쉽지 않다. 우리는 일상생활에서 '트라우마'라는 단어를 유행처럼 쓰고 있지만 내가 겪는 혹은 주변 사람 누군가가 겪고 있는 것이 진짜 '쇼크 트라우마'인지를 알아보려면 어느 정도 기준이 필요하다. 쇼크 트라우마는 평생을 따라다니는 경우도 많다. 이것은 투쟁, 도피, 경직 같은 다양한 증상으로 나타나고 의사들과 심리치료사들이 다루는 질병 분류 시스템에도 등재되어 있는 병명이기도 하다.[1] 이제 쇼크 트라우마가 어떤 행동을 유발하는지 알아보자.

교감 신경계의 과잉 활성을 암시하는 증상들

- 한시도 가만히 있지 못하고 계속 무엇인가를 하거나 움직인다. "나는 행동한다. 고로 존재한다."
- 신경과민
- 집중력 저하
- 분노 발작
- 불면증

- 긴장

- 다른 사람을 잘 신뢰하지 못함

- 의심

- 많은 것을 자기 탓으로 돌림

- 일중독 "나는 일한다. 고로 존재한다."

- '아드레날린의 분비로 환각 상태'를 갈망

- 초점을 유지하는 데 어려움을 느낌

- 진정시키는 약물 자가 처방

부교감 신경계의 과잉 활성을 암시하는 증상들

- 우울증

- 무의미하다는 느낌

- 나는 남들과 '다르다'는 느낌

- 멍한 상태(예를 들어, 텔레비전 시청 중이나 컴퓨터 앞에서
  또는 책을 읽을 때)

- 무기력과 에너지 부족

- 혼자이고 단절된 느낌

- 삶이 유리벽으로 차단된 느낌

여기에 해당하는 사람들은 계속해서 이런저런 상태를 왔다

| 당신의 어린 시절이 울고 있다 |

갔다 한다. 경우에 따라 시간차는 있지만 언젠가 '다른 곳'에 있는 자신을 발견하게 된다. 롤러코스터 효과 때문에 순전히 삶의 기쁨과 편안함을 느끼는 단계는 거의 없다. 그래서 삶을 더욱 힘들게 만든다.

일상적 스트레스의 산물, 발달 트라우마

지금 이야기한 쇼크 트라우마는 단 한 번의 사건으로 발생하지만 이 책에서 더 깊게 다룰 발달 트라우마는 일상적으로 반복되는 스트레스 사건에서 싹튼다. 나는 발달 트라우마가 오늘날 유행성 전염병처럼 나타나는 현상이라고 생각한다. 이것은 어느새 우리 사회의 특징이 되어버렸다. 그리고 안타깝게도 신생아를 대하는 방식과 분만실에서 산모를 대하는 방식을 살펴보면 이런 사회 현상을 바꾸기는 힘들어 보인다.

발달 트라우마는 예를 들어 아기가 출생 후에 건강상의 이유로 엄마 곁에 있지 못하고 병원에 입원해 있어야 하는 경우에도 발생할 수 있다. 그리고 어렸을 때 충분히 스킨십을 받지 못했거나 의사 표명을 했을 때 양육자에게 충분한 피드백을 받지 못했을 때도 생길 수 있다. 지금도 여전히 아기들을 그냥 울게 내버려두거나 옆방에 혼자 재우는 경우가 많은데, 이는 아기들에게 상당히 위험하다. 아기는 혼자 남겨지면 그야말로 죽을 것 같은 두려움을 느낀다.

이런 일이 반복되면 아이의 인생에 지대한 영향을 끼치는데 이것은 쇼크 트라우마와는 성격이 다르다. 만성적인 성격으로 굳어지기 때문이다.

비유하자면 쇼크 트라우마는 아주 잘 직조된 카펫에 색이 다른 실 딱 하나가 섞여 있는 것이지만 발달 트라우마는 너무나 많은 실이 섞여 있는 것과 같다. 깨끗하게 만들기 위해서는 너무 많은 실을 뽑아내야 해서 결국 카펫의 형태와 색이 변하고 만다.

그런데 오랫동안 상담한 내 경험에 따르면 이 두 가지 트라우마가 개별적으로 나타나는 경우는 극히 드물었다. 쇼크 트라우마의 이면에 발달 트라우마가 감춰져 있는 경우가 대부분이다.

뇌는 배와 심장에도 있다

우리는 오늘날 머릿속에만 뇌가 있는 것이 아니라 '배-뇌'

와 '심장-뇌'가 있다는 것을 알고 있다. 둘 다 우리가 살아가는 데 꼭 필요한 정보들을 우리의 '머리-뇌'에 전달한다. 이는 무의식의 영역에서 일어나는 일이므로 주로 '직관'이라고 부른다. 정신적인 고통을 포함한 너무 큰 고통이 있을 때 정신이 몸을 벗어나는 현상이 있기 때문에 겉보기에는 아무렇지도 않게 자신의 일상을 살아가는 사람들이 많다. 실제 자기 스스로도 아프다는 것을 자각하지 못한다. 그러다가 정말로 참을 수 없는 통증을 느끼거나 번아웃 상태가 되거나 병에 걸리게 되면 그때서야 뭔가 잘못됐다는 것을 알게 된다. 이렇게 몸에 대해 제대로 자각하지 못하면 욕구와 감정을 잘 느끼지 못한다. '배-뇌'와 '심장-뇌'를 잘 파악해야 우리가 언제 무엇을 제한하고 쉬고, 먹고, 일해야 하는지를 정확히 알 수 있다.

왜 불안한 예감은 틀리지 않을까?

발달 트라우마는 세상을 바라보는 관점을 만들어낸다. 계속해서 위험을 생각하며 사는 사람은 '위험' 신호를 파악하는 안경을 통해 세상을 바라본다. 그런데 그렇게 살면 삶은 위험투성이이다.

누구나 그런 경험이 있을 것이다. 상대방이 어떤 특정한 행동을 할 거라고 예상했는데 실제로 그런 행동을 하는 경험 말이다. 불안하고 좋지 않은 행동의 경우 더욱 잘 맞아떨어진다. 이렇게 불안한 예감이 적중하는 것은 우리의 인지가 예상을 확인하는 데 집중되어 있기 때문이다. 위기 상황에 몰린 부부의 눈에는 서로 안 좋은 점들만 보인다. 이때는 스스로 선택적 투과 안경을 끼고 있다는 사실을 거의 자각하지 못한다. 하지만 여러 연구에 따르면 객관적 현실 같은 것은 없다. 우리가 보는 현실은 우리가 쓰고 있는 안경에 따라 얼마든지 달라진다. 또 그 안경은 과거 경험에 크게 영향받는다. 즉 보고 싶은 것만 보는 것이다(이 현상은 이미 '보이지 않는' 고릴라 실험을 통해 아주 분명하게 드러났다).

그러므로 이 세상이 위험한 곳이라는 생각이 너무 강해서 모든 주의력을 그것에 집중하는 사람과 이 세상 사람들이 자신에게 친절하고 자신의 편이 되어줄 거라고 생각하는 사람은 현저하게 다른 삶을 살아가는 것이다.

감정 기복이 심한 그들의 내면에는
무슨 일이 일어나고 있을까?

그렇다면 이번에는 쇼크 트라우마나 발달 트라우마에 공통적으로 나타나는 일반적인 증상들을 알아보자. 이 증상들은 과잉 활성화나 활성 저하와 관련이 있다. 앞에서 언급했듯이 신경 체계가 계속해서 아주 높은 수준으로 활동하기 때문에 나타나는 것인데, 극도로 흥분된 상태와 우울증처럼 극도로 침체된 상태가 번갈아 일어나기도 한다. 한마디로 감정 기복의 폭이 매우 심한 것이다. 두 가지 트라우마의 공통적인 특징은 다음과 같다.

불면증과 불안 : 끊임없이 위험을 예견하기 때문에 몸은 당연히 평안함을 느끼거나 긴장을 풀거나 잠을 이루지 못한다. 내담자들에게 아무것도 하지 않고 그냥 소파에 가만히 앉아 있으면 어떤 기분이 들 것 같은지 물어보면 대부분이 그런 상황을 상상조차 하지 못한다. 외적으로 평온한 상태가 되어도, 내면에서는 계속해서 불편한 감정이 올라온다. 그래서 계속해서 몸을 움직이는 것이 훨씬 더 쉽고 편할 수 있다. 어떤 사람들은 이런 특징 때문에 상당한 성공을 거두기도 하는데, 일중독

인 사람이 직업적인 성공과 돈, 지위라는 보상을 받을 확률은 높을 수밖에 없다.

불안과 공황 : 트라우마 치료사들은 불안 상태와 공황 발작을 트라우마의 증상으로 꼽는다. 공황 발작은 내면의 에너지 레벨이 계속 과잉 흥분 상태인 것을 말한다. 이런 과잉 흥분은 대개 높은 근육 긴장과 다른 곳으로 관심 돌리기, '수행하기'를 통해서 '처리'되는데 공황 발작은 과잉 흥분의 내적 상태를 더는 유지하지 못하고 증기 보일러처럼 끓어오르는 현상이다. 요인은 사실상 주변에 있는 모든 것이 될 수 있다.

분노 : 어떤 사람들은 불안을 느끼지 못하는 대신에 분노 발작을 일으킨다. 주변 사람들은 이런 사람들을 예측 불가능하다고 여기면서 견디기 매우 힘들어한다. 진행은 공황 발작과 비슷하지만 내면의 과잉 흥분은 다르게 해석할 수 있다. 이런 사람은 자신이 공격받는다고 생각하기 때문에 외부의 모든 자극에 분노로 반응한다.

변덕, 쉽게 놀라기, 과잉 행동 : 트라우마 사건을 겪은 후에 나타나는 또 다른 증상들이다. 어떤 사람들은 집중하는 것을 몹시

| 당신의 어린 시절이 울고 있다 |

힘들어하기도 한다. 내면의 불안이 너무 커서 오랫동안 한 가지 일에 몰두하지 못한다. 어떤 내담자는 책을 읽기 힘들어하는 경우도 있었다.

흥분 저하, 탈진, 우울증 : 과잉 흥분 상태는 몹시 힘들기 때문에 얼마 지나면 몸은 저절로 안전 시스템을 가동한다. 퓨즈가 끊어지면 당사자는 롤러코스터의 다른 쪽인 흥분 저하 또는 탈진에 이르게 되고 말 그대로 '차단'된 느낌을 받는다.

사람들은 흔히 일이 끝나고 나서 탈진 상태에 빠진다. 그런데 놀랍게도 많은 사람이 이런 상태를 긴장 이완과 헷갈려한다. 긴장 이완은 근긴장도가 낮아지고 내적으로 차분해지면서도 현재를 느낄 수 있는 편안한 신체적 상태로 탈진과는 전혀 다르다. 이들이 느끼는 단절감, 감정적 무감각, 통증은 과잉 흥분 상태가 지속되면서 자신의 에너지 비축량을 다 써버렸기 때문에 나타나는 현상이다.

과잉 흥분 상태와 과잉 이완 상태를 오락가락하는 간격은 길 수도 있고 아주 짧을 수도 있다. 어떤 사람들은 직장에서 뛰어난 능력을 발휘하지만 저녁에 집에만 돌아가면 쓸모없는 사람이 되어버린다. 또 어떤 사람들은 낮에는 무기력하고 멍한 상태지만 밤에는 내적 동요 때문에 잠을 이루지 못한다. 우리는 이런 상황에 처했을 때 자가 처방하려는 경향이 있다. 특히 인위적인 진정제를 통해 이것을 해결하려고 한다. 술, 음식, 컴퓨터, 텔레비전, 흡연 등등이 가장 널리 사용하는 방법들이다.

이렇게 신경계가 자가 조절 능력을 상실한 상태가 오래 지속될수록 사람은 엄청난 피로감을 느낀다. 어떤 시스템도 장기적으로 흥분 상태에 머물러 있을 수는 없기 때문이다. 계속되는 과잉 흥분과 과잉 이완의 과격한 전환 역시 시스템에 무리를 준다. 포르쉐 운전석에 앉아서 가속 페달과 브레이크를 동시에 밟는 사람이 누가 있겠는가? 만약 그렇게 한다면 휘발유만 엄청나게 소비하고 아무 곳에도 가지 못하면서 자동차 성능만 저하될 것이다.

스트레스를 받으면 간은 충분한 에너지를 제공하기 위해서 모든 힘을 쏟아 해독 작용을 한다. 하지만 계속 그렇게 하다 보면 간은 언젠가 완전히 지쳐버리게 된다. 너무 자주 아드레날린을 만들어내야 하는 부신의 경우에도 마찬가지다. 신장도 과도하게 일을 하면 만성적으로 싸워야 하는 상태가 되어 더 많은 아드레날린을 통해서만 필요한 에너지를 제공받게 된다. 이런 긴장 상태가 지속되면 만성 피로 또는 번아웃 증후

군에 이른다.

인간의 신경계와 자기 조절 능력

우리가 느끼는 고통의 핵심에 대해 연구하면서 찾아낸 가장 중요한 개념은 '자기 조절'이다. 자기 조절. 이 말은 정말 그럴 듯하다. 심리치료를 통해 자기 자신에 대해 모든 것을 알고 이해한다고 해도 원하는 대로 자기를 조절할 수 없다면 아무것도 변하지 않을 것이다. 그렇다면 자기 조절은 무엇일까? 간단히 말하면 다음과 같은 능력들이다.

- 감정의 동요가 일어날 때 스스로 마음을 가라앉힐 수 있는 능력
- 휴식을 취하고 긴장을 풀 수 있는 능력
- 집중하고 집중력을 유지할 수 있는 능력
- 충동을 느끼고 통제하고 필요에 따라 억누를 수 있는 능력
- 좌절에 잘 대처할 수 있는 능력
- 하고자 하는 바를 실현하고 목표를 추구할 수 있는 능력
- 기쁨을 느끼고 세상을 알아가고자 하는 능력

- 자극과 반응 사이에 휴지(休止)를 둘 수 있는 능력

그렇다면 이 자기 조절 능력이 어떻게 생겨나는지 조금 더 자세히 살펴보자. 그러기 위해서는 우리 몸의 세계와 신경계의 세계 속으로 들어가봐야 한다. 일상생활에서 우리가 하는 대부분의 활동은 뇌의 오래된 부위와 자율 신경계^{ANS, autonomic nervous system}의 조정을 받지만 내분비계의 조정을 받기도 한다.[2] 이때 자율 신경계는 깨어 있는 상태와 이완되어 있는 상태에서 우리의 흥분을 조정하고 조율한다. 이것에 '자율'이라는 말이 붙는 이유는 우리의 의지와 관계없이 조절되기 때문이다.

자율 신경계는 교감 신경계와 부교감 신경계로 다시 나눌 수 있다. 교감 신경계는 흥분을 담당하고 부교감 신경계는 이완과 안정을 담당한다. 교감 신경 그리고 미주 신경^{vagus nerve, 부교감 신경 중 최대의 것}으로 대표되는 부교감 신경은 사실상 모든 신체 기관을 조정하고 규제한다. 자율 신경계의 모든 신경을 그려보면 거의 정확하게 우리 몸의 윤곽을 그려낼 수 있을 것이다. 대략 말하면 교감 신경계와 부교감 신경계는 서로를 제어하고 우리 몸의 활동과 휴식 주기를 조정하는 상대 선수라고 할 수 있다. 한쪽이 활성화되면 다른 한쪽은 비활성화된다(간단

| 당신의 어린 시절이 울고 있다 |

하게 설명하면 그렇다). 우리의 건강과 안녕을 위해서는 둘 다 똑같이 중요하다.

적절하게 활성화된 교감 신경은 다음과 같은 일을 담당한다.

- 기분 좋은 흥분
- 호기심
- 기쁨
- 각성
- 활동 전위

상대편 선수인 부교감 신경은 다음과 같은 일을 담당한다.

- 편안한 이완
- 숙면
- 명상을 통한 평온
- 유대감

건강한 자율 신경계는 무엇보다 유연하게 반응한다. 상황에 따라 양쪽으로 왔다 갔다 움직이면서 몸이 적응하도록 만든다. 그런데 이렇게 진동 폭을 왔다 갔다 할 수 있는 능력은 사람에 따라 매우 다르다. 이 폭을 스스로 조절하는 능력이 바로 자기 조절 능력과 직결되는 것이다.

감정 내성의 창문이 큰 사람, 작은 사람

자율 신경계의 진동 폭을 쉽게 이해하기 위해 이것을 창문으로 비유해보자. 이 창문 안에서 흥분은 어떤 때는 약하게, 어떤 때는 강하게 진동하지만 그래도 일정한 틀 안에서 움직인다. 이를 '감정 내성의 창문Window of Tolerance'이라고 부른다.

감정 내성의 창문이 큰 사람들은 더 많은 감정을 스트레스를 받지 않고 받아들일 수 있다. 행복한 감정도 더 강하게 느낄 수 있고 슬픈 감정도 견뎌낼 수 있다. 그에 비해 감정 내성의 창문이 작은 사람들은 금방 한계에 다다른다. 사람이란 원래 이 창문 안에서 감정이 움직일 때 편한 법인데 이것이 금방 한계에 다다르면 그 안에 머무르기 위해 끊임없이 자기를 조절해야 한다. 가장 좋은 것은 언제나 자신의 욕망을 제대로 느끼고 몸과 감정을 잘 파악하는 것이다. 만약 이런 능력만 갖추고 있다면 감정 내성의 창문 틀을 벗어나지 않을 수 있다.

'건강하고' 적응력이 좋은 신경계는 다음과 같은 진동 폭으

| 당신의 어린 시절이 울고 있다 |

로 움직인다.

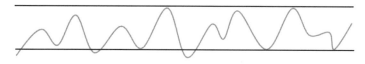

유연하고 적응력이 좋은 사람의 자율 신경계 진동 그래프

사람마다, 상황마다 진동은 다양하고 강도가 각각 다르지만 창문틀 안에서 움직인다. 스트레스가 많은 날에는 진동이 주로 윗부분에 머물고, 소파에서 편안하게 보내는 날에는 진동이 주로 아래쪽에서 움직인다.

여기서 가장 중요한 것은 위쪽과 아래쪽으로 향하는 사람들 각자의 경계다. 감정 내성 창문이 아주 좁은 사람들은 행복^{흥분}고조을 느낄 가능성이 낮고, 고도의 흥분을 일으키는 상황에서 스스로 이완을 조절하는 것도 불가능한 경우가 많다. 이런 활동 자체가 이들에게는 부담이 되기 때문이다.

만약 어떤 사람에게 충격적인 사건이 발생하면 자율 신경계의 진동은 감정 내성의 창문을 벗어나 위로 올라간다. 이어서 부교감 신경계의 과잉 반응이 일어나고 진동은 범위를 벗어나 아래로 떨어지면서 해리 상태가 되거나 경직이 나타난다. 이런 상태가 지속되면 신경계에는 조절 장애가 일어나고 진동은 감정 내성 창문을 자주 벗어나게 된다. 그렇게 되면 신체적인 증상뿐만 아니라 정신적인 증상도 나타나게 되는데 당사자는 이를 전혀 인식하지 못한다. 이처럼 범위를 벗어난 신경계의 진동 폭은 다음과 같다.

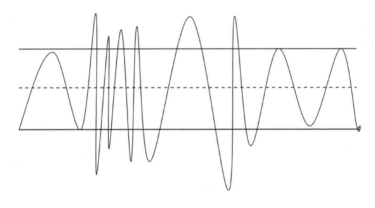

트라우마를 겪은 사람의 자율 신경계 진동 그래프

이렇듯 감정 내성의 창문이 얼마나 큰지는 그 사람이 갖고 있는 자기 조절 능력을 좌우하는데 이것이 바로 출생할 당시의 상황과 어린 시절의 경험으로 정해진다는 것이 포인트이다. 만약 어린 시절에 발달 트라우마를 지속적으로 겪었거나 쇼크 트라우마를 경험한 사람이라면 감정 내성의 창문이 아주 좁을 수밖에 없는 운명을 안고 있다. 이는 트라우마가 신경

| 당신의 어린 시절이 울고 있다 |

계의 생성과 성장을 방해하는 명백한 증거이며 이미 많은 학자들이 인정하는 사실이다.

만약 어떤 종류의 통증이나 불안 장애, 우울증 같은 증세가 나타난다면 그것은 그 사람의 자기 조절 능력에 문제가 생겼다는 것을 드러내는 신호이다.

'자기 조절 능력' 수치를 보여주는 행동의 특징들

어린 시절에 트라우마를 겪었다고 해서 그것이 바로 겉으로 드러나는 것은 아니다. 사실 이 글을 읽는 독자들도 정도의 차이가 있을 뿐이지 한두 가지의 트라우마는 안고 있을 것이다. 하지만 아무렇지도 않게 일상을 살아가고 있고 겉으로 보면 평온해 보일 것이다. 대부분의 사람들은 트라우마 경험을 한 이후에도 특별히 외상 후 스트레스 징후를 보이지 않으며 너무 미미해서 트라우마를 안고 있을 거라고는 상상조차 되지 않기도 한다. 나는 사람을 만날 때 다음과 같은 특징을 눈여겨본다. 이런 행동들을 잘 관찰하면 '자기 조절 능력'이 어느 정도인지를 파악하는 데 도움이 된다.

- 일에 얼마나 많은 시간을 할애하는가?
- 얼마나 잘 집중할 수 있는가? 예를 들어 차분히 책을 읽거나 어떤 활동에 온전히 집중할 수 있는가?
- 평정심을 잘 유지하는가? 감정 기복이 심한 편이거나 분노 발작이 있는가?
- 얼마나 불안감이 많은가?
- 미래를 계획하고 지금 하는 일이 미래에 어떤 영향을 미칠지 예측할 수 있는가?
- 얼마나 안절부절못하고 얼마나 스트레스를 많이 받는가?
- 아무것도 하지 않고 그냥 가만히 있을 수 있는가, 아니면 항상 움직여야 하는 성격인가?
- 감정, 생각, 행동에 변덕이 심한가?
- 자신이 뭘 좋아하고, 지금 뭐가 필요한지 잘 아는가?
- 다른 사람을 신뢰할 수 있는가?
- 다 내려놓고 쉴 수 있는 여유가 있는가?
- 진짜 친밀한 관계를 받아들일 수 있는가, 아니면 부담스러워하는가?

만약 감정 내성의 창문을 벗어나 아래쪽으로 진동 폭이 움직이면 그것은 부교감 신경계의 과잉 활성 때문이고 이것 역

| 당신의 어린 시절이 울고 있다 |

시 감정 조절 장애다. 부교감 신경계가 정상적으로 작동할 때는 다음과 같은 신체 특징이 나타난다.[3]

- 느리고 깊은 호흡
- 느린 심장 박동
- 낮은 혈압
- 정상적인 피부색, 피부를 만지면 건조한 느낌
- 낮은 근긴장도
- 왕성한 소화력

보통의 경우 이런 특징은 긍정적이고 편안하고 긴장을 이완할 수 있는 상태로 해석한다. 하지만 부교감 신경이 지속적으로 과활성화되면 긴장 이완은 탈진으로, 평온함은 우울감으로 돌변한다. 그렇게 되면 일상생활에 큰 변화를 초래할 수 있다. 나는 이와 관련하여 다음과 같은 질문을 하고 싶다.

- 어떤 단체나 조직에 소속감을 느낄 수 없는가?
- 생활에 활력을 느낄 수가 없는가?
- 다른 사람과 같이 있을 때 마치 유리벽이 가로막고 있는 것처럼 외로운가?

- 우울증 경향이 있는가?

- 만성 피로를 느끼는가?

- 마비된 것 같은 느낌이 자주 드는가?

- 누군가가 과도하게 친밀하게 다가오면 경직되는가?

- 거절을 잘 못하고 자신만의 공간이 없다는 느낌이 드는가?

만약 이런 질문에 '예'라고 답하는 개수가 많다면 이것은 부교감 신경계의 과잉 반응으로 나타나는 증상이다. 휴가를 갔는데 갑자기 아프거나 주말만 되면 편두통에 시달리는 경우 등도 이 증상에 해당된다. 심한 경우에는 유기체의 기능이 떨어져서 죽기도 한다. 몹시 스트레스가 심하던 직장 생활을 마치고 은퇴했을 때 심장마비를 일으켜서 돌연사하는 경우가 바로 이런 케이스이다.

쉬면 더 아프다고 말하는 사람들

많은 사람들이 자기 몸의 반응에 무디거나 기분 전환하는 방법을 잘 모른다. 대부분이 평일에는 감정 내성의 창문 위쪽 가장자리에서 살아가기 때문에 퇴근하고 나면 더는 다른 활동

| 당신의 어린 시절이 울고 있다 |

을 할 여력이 없다. 그래서 일상생활 중에도 때때로 기분 전환할 수 있는 활동을 만드는 게 중요하다.

단체생활을 오래 하다가 다시 개인의 생활로 돌아와 적응하는 것(혹은 그 반대의 경우도 마찬가지이다)이 얼마나 어려운지 겪어본 사람들은 잘 알 것이다. 또 오랫동안 쉬다가 갑자기 출근하게 되면 마치 구멍 속으로 추락하는 듯한 느낌 속에서 후유증을 겪기도 한다. 월요병도 그중 하나이다. 이런 현상은 특히 자기 조절 능력이 발달되지 않은 사람의 경우에 심하다. 신경계가 적당히 진동하면서 주어진 상황에 유연하게 적응하면 좋겠지만 그렇지 못하고 과잉 흥분 상태이거나 혹은 과잉 이완 상태이기 때문에 나타난다. 어린 시절에 트라우마를 겪은 사람들은 감정 내성의 창문 안에 머무는 것이 힘들다. 심지어는 이 안에 있는 것을 '지루하다'고 여기기도 한다. 신경계가 과도하게 활성화된 상태에 너무나 익숙해진 나머지 평온함을 지루함으로 해석하는 것이다. 이때의 뇌는 스트레스 호르몬과 아드레날린 분출로 만들어진 엔도르핀에 중독된 상태로 조용히 가만히 있는 것을 견디지 못한다. 엔도르핀은 몸에서 만들어내는 천연 진통제인데 합성 진통제만큼이나 중독성이 있다. 사람들이 극적인 감정에 중독된다는 사실은 여러 연구를 통해 이미 입증되었다. 이런 표면적인 생동감에서 벗어나

기 위해서는 시간과 인내가 필요한데 이것이 그 사람의 자아상
이나 열정적인 성격으로 해석되기 때문에 변화는 쉽지 않다.

우리는 왜 같은 패턴을 반복하는가

지금까지 어린 시절의 경험이 우리 몸의 자율 신경계에 미치는 영향에 대해서 간략하게 알아보았다. 이제 왜 우리가 매번 같은 패턴을 반복하는지 그 이유를 설명하려고 한다. 신체 심리치료에서는 모든 사람이 다섯 가지 학습 과제를 가진 채로 태어난다고 보는데, 이 과제들은 인생을 얼마나 잘 살아가느냐를 결정하는 중요한 역할을 한다. 이 과제를 어떻게 극복하느냐에 따라 우리 몸에 각인된 특정한 감정들이 우리 삶을 지배할 수도, 그렇지 않을 수도 있다. 어떤 능력은 쉽게 발휘될 수도 있지만 또 어떤 능력은 그렇지 못하다. 결국 심리치료는 사람들에게 중요하지만 부족한 능력을 습득하거나 발견하도록 하는 것이다. 이는 내적인 체험을 변화시키는 새로운 의식적 경험을 통해 가능하다.

신체 심리치료 학계에서는 학파마다 조금씩 다르게 설명하지만 다섯 가지 인생 과제가 있다. 다음 다섯 가지가 바로 그 것이다.

> 인생 과제 1. 나는 안전한가?
>
> 인생 과제 2. 나는 내 욕구를 충족하고 있는가?
>
> 인생 과제 3. 나는 타인의 도움을 받아들이는가?
>
> 인생 과제 4. 나에게는 '자기효능감'이 있는가?
>
> 인생 과제 5. 나는 사랑과 성에 관대한가?

몸이 나의 생각까지 결정한다

학습 과제, 자기 조절, 애착 관계는 생각에만 반영되지 않고 몸과 삶에도 깊은 영향을 미친다. 그것은 우리가 모르는 사이에 몸 깊숙한 곳까지 침투하여 성격과 태도를 만들어낸다. 우리 몸이 곧 나다. 점점 더 가상의 시대가 되어가고 몸은 그저 물리적인 기능을 하는 대상이 되어버린 이 시대에는 낯설게 느껴질지도 모른다.

하지만 우리의 이성과 감정은 몸을 통해서 이루어질 수밖에 없다. 몸을 느끼지 못하면 우리가 경험하는 모든 것은 공허해질 뿐이다. 인생에 깊이가 없다. 오늘날 많은 사람이 그저 머릿속으로만 살아가면서 혼동한다. 상담을 진행하다 보면 얼마나 많은 사람이 자신의 몸을 인지하지 못하는지를 새삼 느낀다.

몸 안에는 억압된 상처들이 들어 있기 때문에 어떤 일이 벌어졌을 때 몸을 통해 드러나게 마련이다. 어린 시절에는 이런 패턴이 일시적으로 일어나도 감정과 행동이 여러 번 반복되면 결국 우리 몸의 일부가 된다.

아이가 "시끄럽게 떠들지 마!"라는 말을 계속해서 들으면 어떻게 될까? 크게 말하고 싶은 충동을 억누르기 위해 근육을 반복해서 긴장시켜야 한다. 사실 이것은 우리가 날마다 하고 있는 행동이다.

직장 생활을 한번 떠올려보자. 상사에게 정말 굴욕적인 말을 듣고 눈에 눈물이 맺혔지만, 절대 이런 상황에서 눈물을 흘리고 싶지 않다. 더군다나 그런 말을 쏟아낸 상사 앞에서는!

그럴 때 우리는 아주 얕게 숨을 쉬면서 가슴과 배에 힘을 주고, 올라오는 감정을 억누르며 안간힘을 다해 눈물을 참는다.

"울지 마!"는 많은 사람에게 익숙한 말이다. 어린 시절에 울고 싶은 충동을 한 번이 아니라 수백 번 억누르다 보면 시간이 지날수록 특정한 근육들이 만성적으로 긴장하게 되고 숨도 얕게 쉬게 된다. 긴장 상태가 만성화되면 시간이 갈수록 몸의 자세가 굳어지고 성격에도 영향을 미친다.

우리가 어떤 사람의 자세를 보면 그 사람의 감정을 알 수 있지 않은가? 또한 몸은 정신과 긴밀하게 연결되어 있다. 가슴 부위가 위축된 사람은 이런 자세(축 처진 머리와 어깨) 때문에 우울감을 느끼거나 심하면 우울증이 나타날 수 있다. 반대로 너무 어깨를 쫙 펴고 다니는 사람들의 경우에는 지나치게 독립적이어서 남에게 도움을 요청하거나 도움을 받는 것을 어려워할 수 있다. 경험이 많은 신체 심리치료사들은 이런 자세를 보고 사람의 심리를 해석한다. 의식적으로 인지하지 못해도 만성적인 감정 상태는 몸을 통해 그대로 드러나기 때문이다. 이런 억압된 감정들을 극복하기 위해서는 스스로 자신의 내면을 자각하고 새로운 경험을 반복하는 것이 중요하다. 감정뿐 아니라 몸에도 실질적인 변화가 일어나야 한다.

내 안에 있지만 의식하지 못하는 것들이 내 삶을 결정하고

| 당신의 어린 시절이 울고 있다 |

엄청난 영향을 미치고 있다고 생각해보라. 나의 감정 상태와 생각의 패턴이 내 것이 아닌 내 몸에 각인되어버린 과거에서 온 것이라면 어떻게 해결하는 것이 가장 현명한 것일까? 우선 우리는 몸이 감정뿐 아니라 생각까지 결정한다는 것을 알아야 한다. 이것을 잘 알게 되면 '몸'을 통해 감정과 생각도 바꿀 수 있다.

이제 태어날 때부터 우리에게 주어진 다섯 가지 학습 과제에 대해 하나하나씩 알아보자. 이를 통해 자신뿐 아니라 타인의 삶에 대해 좀 더 깊이 이해하고 좀 더 다른 관점에서 바라볼 수 있게 되길 바란다.

나는 안전한가?

배 속에서 보낸 9개월이 삶에 미치는 영향

우리 삶의 시작은 스펙터클하다. 우리는 출생을 통해 이 세상에 발을 들이지만 사실 우리의 삶은 그전부터 시작되었다. 일부 과학자들은 어머니의 자궁 안에서 보내는 9개월이 이미 그 자체로 완결된 하나의 삶이고 출생을 통해 끝이 난다고 주장하기도 한다. 배 속에서 보냈던 시간이 우리의 삶에 끊임없이 영향을 미친다는 것은 이미 알려진 사실이기 때문에 이 주장이 아주 허무맹랑한 것은 아니다. 최악의 예로 임산부가 흡연을 했거나 술을 마셨을 경우를 생각해보자.

물론 대부분의 임산부는 임신 기간 동안 건강하게 잘 지내려고 노력하지만 최악의 경우에는 흡연을 하거나 술을 마셔서 아이가 이미 중독된 상태로 태어나기도 한다. 나의 경험상 50세 이상의 사람들은 자신이 정말 원해서 태어난 아이가 아니라 어쩌다가 또는 비극적인 '사고'로 태어났다고 생각하는 경향이 무척 강하다.

사람들은 아주 다양한 이유로 이 세상에 태어난다. 사랑의 결실로 태어나는 경우가 아닌 경우도 무척 많은데 이런 동기들은 아이의 마음속에 각인된다. 어머니가 그 감정을 가지고 임신 기간을 보내기 때문이다. 어머니가 기쁨과 사랑의 감정으로 아이를 배 속에 품고 있는 것과 불안과 초조의 감정으로 아이를 품고 있는 것에는 큰 차이가 있다.

원하지 않는 사람과 아주 비좁은 공간에서 아홉 달 동안 함께 지내는 게 어떨지 상상해보자. 특히나 도저히 도망칠 수 없는 폐쇄된 공간이라면 정말 견디기 힘들 것이다. 자궁 속의 아이가 딱 이런 상황에 처해 있다. 아이는 어머니가 느끼는 온갖 감정들과 함께 살아야 한다. 거부, 불안, 기쁨, 행복 심지어는 테러를 당한다 해도 모두 함께 겪어야 한다. 그리고 이 모든 감정은 당연히 흔적을 남긴다.

많은 사람들이 인생을 살아가면서 자신이 왜 어떤 특정한 사건에 관심이 가거나 불안을 느끼는지, 불쾌한 감정이 도대체 어디에서 비롯된 것인지를 궁금해한다. 이런 감정의 원인 중 하나는 임신 기간 동안 겪은 사건 때문일 수도 있는데, 이것은 세대를 걸쳐서 대물림되기도 한다. 어떻게 과거에 살았던 사람들의 감정들이 세대를 걸쳐서 전해지는지 지금도 과학적으로 정확히 밝혀진 것은 아니다. 언어를 통해 전달되는 것도 아니며 단지 어떻게든 전달된다는 사실을 우리가 알고 있을 뿐이다.

출생 : 세상과 만나는 첫인상

출생은 삶에 첫발을 내딛는 아주 커다랗고 중요한 사건이다. 아주 결정적이고 중요한 경험이고 우리 몸에 깊은 흔적을 남기기 때문에 신체 심리학자들은 어떤 사람의 심리 상태를 보고 출생 당시의 상황을 판단하기도 한다. 태아기 심리학과 분만 심리학 이론에서는 출생할 때의 상황이 그 사람의 인생 대본을 이미 결정한다고 주장하기까지 한다.

태줄에 목이 감겨 죽을 것 같은 두려움을 가지고 태어났는가? 마취약 때문에 비몽사몽한 상태로 태어났는가? 아니면

| 당신의 어린 시절이 울고 있다 |

따뜻하고 어두운 방에서 편안하게 태어나 편안하게 어머니의 배 위에 올려졌는가? 사람과 사람의 만남에서도 '첫인상이 중요'하듯 처음 바깥세상과 만나는 출생의 현장 상황 역시 그 사람의 생활 감정에 지대한 영향을 미친다. 물론 성인이 된 우리들은 출생 당시 상황이 어땠는지 기억하지 못한다. 그 상황이 나에게 어떤 영향을 미쳤는지 알 수 없는 것은 당연하다.

그래서 다음과 같은 생각 실험을 추천하고 싶다. 자, 지금부터 눈을 감고 상상해본다. 당신이 아주 아름답고 온도도 쾌적하고 모든 것이 완벽하게 갖춰진 호텔에 살고 있다. 매일 먹을 것도 풍족하고 주변에서 들려오는 소리도 편안하다. 그런데 어느 날 갑자기 호텔이 너무 비좁게 느껴지고 바깥에 나가고 싶은 마음이 든다. 자, 이제 몇 가지를 상상해보겠다.

1. 호텔 문을 나서자마자 조명 세례를 받는다. 그리고 누군가 당신의 발을 잡아서 거꾸로 들어 올린 다음, 발을 콕콕 찌르고 문지른다. 그러고는 전혀 알 수 없는 곳에 당신을 혼자 눕혀놓는다.
2. 당신이 호텔 밖으로 나가려고 하기도 전에 누군가 호텔 벽을 부수고 당신을 강제로 끄집어낸다.
3. 외출 준비를 하고 차 한 잔을 마셨는데 갑자기 정신이 몽롱

해진다. 누군가 차에 약을 탄 것이다. 당신은 호텔 방에서 비틀거리면서 어리둥절해한다. 어찌할 바를 모르겠고 몸도 제대로 반응하지 않는다. 그저 멍하니 몸을 맡겨버린다.

4. 문을 열고 밖으로 나가려는데 뭔가가 몸을 휘감더니 목을 조인다. 다시 호텔로 되돌아갈 수도 없고, 그렇다고 계속 밖으로 나가려고 하면 계속 뭔가가 더 목을 조인다.

5. 호텔에서 나가 주변을 탐색하기 위해 외출 준비를 한다. 문을 나서자마자 현지인들에게 열렬한 환영을 받는다. 주변은 아주 따뜻하고 불빛도 편안하고 분위기도 완벽하고 음식도 이미 준비되어 있다.

만약 이런 다양한 상황에 당신이 처한다면 어떤 기분이 들지 생각해보자. 이곳에 한 번 더 가고 싶다는 생각이 들까? 혹은 이때 받은 감정을 평생 잊을 수 있을까?

짐작하겠지만 이 다섯 가지 상황은 우리가 세상과 만나는 첫 장면들이다. 안타깝게도 아직 의료계에서는 출생 당시 아이가 느끼는 정서적인 면을 별로 신경 쓰지 않는다. 어차피 출생 당시의 상황은 기억조차 못하기 때문에 대수롭지 않다고 여기는 것이다. 그런데 이것은 큰 오류이다. 기억하지 못한다고 해서 영향이 없는 것은 절대 아니다. 또 신생아들은 분만 과정에서 절대적이고 적극적인 참여자이지 수동적인 개체가 아니다. 오늘날에는 아기가 스스로 호르몬 작용을 통해 출생을 시작하고 산도를 통과하는 여행을 시작한다는 것이 알려졌다. 출생 중 그리고 출생 직후에 애착과 기본적인 신뢰가 싹튼다는 것도 최근에 알려진 의학적인 사실이다. 지금은 많은 과학자들이 출생 전후의 시간들이 인생에 막강한 영향을 준다고 이야기하고 있다.

아기는 출생 중에 엄청난 힘에 노출되는데, 몸에서는 아드레날린이 솟구치고 엄청난 양의 옥시토신이 분출된다. 아드레날린은 신생아가 에너지를 만들어 좁은 산도를 통과하는 데 필요하며, 옥시토신은 어머니와 아이의 애착을 도와주는 애착 호르몬이다. 어머니의 호르몬 상태는 대체로 아이의 상태와 일치하는데 출산 과정이 아무 문제없이 진행되면 어머니와 아기는 서로 사랑하게 된다.

신생아들은 좁은 산도를 따라 바깥세상으로 나오면서 자기 몸의 경계를 느끼고 그러면서 최초로 몸에 대한 감정을 갖게 된다. 이때 만족스러운 경험을 하게 되면 그것은 인생에서 맛보는 첫 성공 경험이다. 아기가 태어난 직후에는 엄마의 배 위에 올려두어서 적응할 수 있는 시간을 줘야 한다. 조금 기다려주면 아기는 자기 힘으로 엄마의 가슴을 향해서 기어가는데,

이런 과정을 자가연결^{Selbstanbindung}이라 부르고 이때 다시 한 번 성공의 기쁨을 만끽한다. 아기가 엄마의 가슴에 도달해서 처음 눈이 마주친 순간 집중적으로 애착의 과정이 일어난다. 신생아에게는 바로 이때가 이 세상에 잘 안착한 순간이며 양육자와 연결되면서 자기 자신과도 연결되는 순간이다.

이런 모든 과정은 이 세상에 온 것을 환영한다는 의미를 던진다. 어머니의 따뜻한 몸은 아이에게 안정과 평온함을 주고 아이는 자신의 몸을 감지한다. 스스로 엄마의 가슴까지 도달하면서 자기효능감을 경험하게 된다. 아기는 엄마와 접촉을 시작하고 엄마의 목소리를 듣는다. 아기가 자기 존재를 인식하는 순간이다.

신생아들은 30~40센티미터 정도 거리 안에 있는 물체만을 볼 수 있다. 이 거리는 바로 엄마의 가슴에서 눈까지의 거리다. 수유를 통해 영양을 공급받을 때 심리적인 영양까지 공급받는다는 의미이기도 하다. 아이는 상대방이 자신을 지각했다고 느끼면서 자신이 살아 있다는 존재감을 인식하고 비로소 안심한다.

| 당신의 어린 시절이 울고 있다 |

뇌는 기억하지 못해도 몸은 기억한다

만약 임신, 분만, 분만 직후의 시간에 만족감을 느끼지 못하면 이 경험들은 결핍감을 낳는다. 외로움, 단절, 무의미, 무가치 등의 감정이 생겨난다. 이런 경험을 한 사람들은 평생 자신이 다른 사람들과 다르고 세상이 낯설다는 느낌을 안고 살아간다. 환영받지 못한 기억이 불안감을 남긴 것이다.

이들은 내면에 깊은 그리움을 안고 살면서 평생 안식처를 찾아 헤맨다. 사실 종국적인 안식처는 자기 자신의 몸이다. 결국에는 '자기 자신'에게 도달하는 것, 자기 몸을 느끼는 것이 결론인 것이다. 우리는 "너 지금 어디 있니?"라는 질문을 하면서 이 세상에 온다. 이 아름다운 질문은 애착 연구에서 사용하는데 태어난 순간에 이 질문에 대한 대답을 받아야 한다. 그래야 아이에게 평화가 깃들기 때문이다.

내가 태어난 해(1964년)에도 태어나자마자 대부분 곧바로 아기를 씻기고 예방주사를 맞힌 후 옆방에 따로 눕혀놓는 경우가 많았다. 세상과 만나는 엄청난 경험을 하자마자 갑자기 혼자가 되어버린 것이다. 미숙아의 경우에는 최근까지도 여러 주, 혹은 여러 달 동안 어떤 스킨십도 없이 인큐베이터 안에 누워 있었다. 어떤 아기들은 태어나자마자 수술을 받고 엄청난 통증에 시달리기도 한다. 아기의 생명을 구하려고 한 조치에 의문을 제기하는 것이 아니다. 이렇게 격리된 상태가 정신적인 흔적을 남긴다는 것을 강조하고 싶은 것이다.

한 연구에 따르면 제왕 절개를 통해 태어난 아기들은 자신의 몸을 잘 느끼지 못한다고 한다. 자연분만을 통해 태어난 아기들보다 뭔가를 시도하는 의지도 약하다. 그런데 자연분만은 점점 감소하는 추세이다. 미국에서는 자연분만을 진행하는 의사가 많지 않다. 자연분만을 한 번도 진행하지 않은 의사도 있다. 보험사들이 자연분만 요율을 너무 높게 책정해서 제왕 절개가 훨씬 이익이 되기 때문이다. 독일의 경우에도 자연분만을 도와주는 조산사의 보험 요율이 너무 높게 책정되어 조산사라는 직업이 곧 사라지거나 조산사가 산후조리사 정도의 역할만 하게 될지도 모른다.

아이는 분명 자신의 탄생에 적극적인 참여자임에도 아직까지도 인정받지 못하고 있다. 사람들은 여전히 갓 태어난 아이가 아무것도 느끼지 못하고 소리를 지르며 우는 것도 대수롭지 않다고 생각한다. 진짜 고통스러워서 운다고 생각하기보다는 아무 의미 없는 울음이거나 그냥 반사적인 반응이라고 여긴다. 우는 아이를 그냥 내버려둬도 괜찮다는 의견도 팽배하다.

역사적으로 오랫동안 신생아들은 사람 취급을 못 받았다.

| 당신의 어린 시절이 울고 있다 |

1970년대 말까지만 해도 신생아의 인권을 주장할 수조차 없었다. 지금도 마찬가지이다. 아이들이 끔찍한 장면을 보지 못하게 막지도 않거나 아이들 앞에서 해서는 안 되는 말을 거리낌 없이 하는 사람이 많다. 아이들을 하나의 완전한 인격체로 생각하지 않기 때문에 벌어지는 일이다. 하지만 뇌에서 암묵적 기억을 담당하는 영역은 태어나기 전에 이미 발달하고 신생아 때에 결정적으로 각인된다. 이 시기에 아이들은 기억하지는 못하지만 자신에게 영향을 미치는 기억들을 갖게 된다. 예를 들어서 어떤 사람이 아기였을 때 아기 침대에서 떨어진 일을 겪었다. 이 사람은 이 사건을 기억하지는 못하지만 성인이 된 이후에도 떨어지는 것을 두려워한다거나 떨어지는 악몽을 자주 꾸곤 한다. 뇌가 기억하지 못해도 몸이 과거를 기억하고 있는 것이다.

마음이 몸을 떠나는 현상, 감정의 해리 상태

몸이 이토록 중요한데도 대부분의 심리치료에서는 몸의 문제를 너무 소홀히 다루거나 전혀 고려하지 않고 있다. 사람들은 몸이 제 기능을 하지 못하거나 아프기 시작해야 비로소 몸의 의미를 깨닫는다. 그런데 사람들이 느끼는 고통 중 많은 부분은 몸을 제대로 느끼는 작업, 즉 '육체화'를 못했기 때문에 일어난다. 육체화 과정을 잘 거친 사람은 자기 자신을 머리부터 발끝까지 느낄 수 있다. 자신의 몸을 안식처라 생각하고 편안하게 느끼며 자신이 세상에 존재할 마땅한 권리가 있다고 생각한다. 자신의 삶에서 의미를 느끼고 다른 사람들과도 어렵지 않게 유대감을 맺는다. 이것은 안정적인 애착 유형의 특징이기도 하다.

어린 시절 환영받지 못했거나 태어나자마자 곧바로 혼자 방치되었거나 고통스러운 경험을 한 사람은 자신의 몸을 인식하는 육체화 과정을 거치지 못한 채로, 이 세상에 안착하지 못한다. 이런 사람들은 주로 상상, 가상의 세계, 즉 다시 말해 자신의 머릿속에서 살고 있다. 몸에 살지 못하니까 정신의 세계에서만 살고 있는 것이다.

예를 들어 당신이 피할 수 없는 상황에서 고통을 받고 있다고 상상해보라. 최악의 경우, 내가 내 몸을 움직일 수도 없는 상황이다. 나의 근육을 이용해서 고개를 돌리거나 몸을 돌릴 수가 없다. 그냥 등을 대고 누워서 일어나는 일들을 묵묵히 감수해야 한다. 이런 경험은 생존을 위협하는 경험으로 아기에게 엄청난 두려움을 불러일으킨다. 아기를 혼자 눕혀 놓는다거나 방치하는 것, 안아주지 않는 것 등등의 행동이 여기에 해당된다.

아기들은 이런 고통을 피하려고 자신의 몸에서 멀어지고 삶의 에너지를 정신적인 세계에 쏟는다. 이런 보호 메커니즘 때문에 육체화가 부분적으로만 이루어진다.

만약 이 고통이 심각한 경우라면 아이의 정신은 몸에서 완전히 빠져나오게 되고 이 세상에 안착하지 못한다. 이런 아이들은 여리고 창백하고, 꿈을 많이 꾸고 상상의 세계에 살고 있어서 눈에 바로 띈다. 이런 아이들은 어른이 된 뒤에도 세상을 '혼자서 안갯속을 걸어가는 느낌', '텅 빈 공간에 홀로 남겨진 느낌' 또는 '다른 사람들과 다른 느낌' 등으로 묘사한다. 이들은 대개 지적 수준이 높은 사람들이다. 문제는 이들이 자신의 고민에 대해 몇 시간씩 상담을 받아도 그것만으로 결정적인 도움을 받기가 힘들다는 것이다. 너무 어린 나이에 발달 트라우마를 겪은 사람들은 대개의 경우 심리치료를 받고도 실패한 이력을 안고 있다. 심리치료사 중에서도 몸을 중심으로 심리를 해석하는 사람이 드물기 때문이다.

사람은 누구나 두려운 감정을 일정한 기간에만 견딜 수 있다. 예를 들어 아무리 소리를 지르고 울면서 항의를 해도 두려움이 지속되면 자기 보호의 마지막 단계로 포기와 체념 상태에 들어간다. 이것은 감정의 해리 상태 중 하나이다.

이런 사람들은 이성만으로는 극복할 수 없는 도전적인 사건을 마주하게 될 때에야 비로소 자신이 처한 딜레마를 깨닫고 주변에 도움을 요청한다.

몸이 보내는 신호를 알아보지 못하는 사람들

단절감, 남들과 '다르다'는 느낌, 삶의 의미에 대해 끊임없는 고민. 생애 초기에 상처 받은 사람들의 특징이다. 이 사람들이 갖고 있는 세상에 대한 기본적인 생각은 바로 이런 것이다.

- 이 세상은 위험한 곳이다.
- 나는 환영받지 못한다.
- 나는 이곳에 속하지 않는다.
- 사람들을 믿을 수 없다.
- 나는 다른 사람들과 다르다.

만약 누군가가 이런 생각을 갖고 있다면 우리는 그 사람이 생애 초기에 어떤 일을 겪었는지를 대충 짐작해볼 수 있다. 여러 특징이 있지만 가장 핵심적인 것 중 하나는 몸이 아닌 '정

| 당신의 어린 시절이 울고 있다 |

신의 세계에 지배받는다는 것'이다. 이것은 생애 초기에 만들어진 트라우마의 가장 중대한 결과 중 하나다. 불행히도 이것은 생존 자원인 동시에 덫으로 작용한다. 이것이 생존의 자원이 되는 까닭은 지적인 능력이 발달하여 세상을 해석하고 다른 사람의 마음을 헤아릴 수 있는 통찰력이 생기기 때문이다. 하지만 안타깝게도 바로 이런 이유 때문에 자신과 세상 사이에 메울 수 없는 틈이 생겨난다. 사람들에게 유대감을 느끼기 힘들고 외로움에 익숙해진다. 몸을 통해 감정을 느껴야 자기 자신에게 편안해져서 남들에게 마음을 열 수 있는데 이들은 몸으로 뭔가를 잘 느끼지 못한다. 항상 모든 상황에서 어떤 것을 곰곰이 생각하고 '올바른' 결론을 도출하려고 하지만 그것이 몸을 통해 생생하게 나온 것이 아니라는 것이 문제다.

신경 심리학의 최신 연구에 따르면 뇌의 변연계가 손상을 입어서 자신의 감정을 제대로 느끼지 못하는 사람들은 자신이 차를 마시고 싶은지 커피를 마시고 싶은지도 결정하기 힘들어한다고 한다. 사람이라는 것이 결국 어떤 결정을 내리려면 어떤 방향으로 이끌어가는 내부 감정이 있어야 하는데 그것을 제대로 감지하지 못하니 벌어지는 일이다.

유명 신경 과학자인 안토니오 다마지오^{António Damasio}는 우리가 좋고 싫은 것을 구분하는 것을 '체감각 표지' 또는 '보디 마커body marker'라고 표현했다. 이것은 우리가 몸의 어떤 감각을 통해 원하는 것이 뭔지를 알게 된다는 뜻이다. 여기서 알 수 있듯 우리가 느끼는 감정의 바탕에는 몸의 감각이 깔려 있는 것이다.

만약 내 가슴이 펴지거나 목이 조이는 느낌을 받았다면 이 몸의 감각은 내면에 어떤 감정을 불러일으킨다. 사람들은 이 감정을 바탕으로 선택을 하면서 인생을 살아가게 되는데 몸의 감각을 제대로 느낄 수 없다면 어떻게 될까? 매우 중요한 정보를 놓치게 될 수도 있다. 몸이 쉬어야 한다는 신호를 계속 보내고 있는데 그것을 알아채지 못한다면? 결국 과로하게 되고 번아웃 상태에 이를 수도 있다. 이들은 몸의 상태가 아주 심각해진 이후에야 비로소 자기 상태를 자각하게 된다. 여기서 몸이 보내는 신호를 알아보는 능력을 '신체 내부 감각 Interoception'이라고 한다.

이렇듯 자신의 몸 상태를 제대로 인지하지 못하면 자신이 진짜 원하는 게 뭔지 모르게 되고 결국 욕망을 충족하지도 못하게 된다. 그러다 보니 체념하거나 무기력하게 살아가는 경우가 많다. 개중에는 사회 문제에 대해 열정적으로 문제를 제기하거나 비판적인 사고로 혁명가가 되는 사람도 있고, 혼자 오랫동안 여행을 하며 방랑하는 사람도 많다. 이들은 인간의

| 당신의 어린 시절이 울고 있다 |

집단에 깊은 신뢰를 갖고 있지 않기 때문에 주로 가장자리에 머물며 비판적인 시선으로 모든 것을 바라본다.

나는 왜 이렇게 분노가 많을까?

혼자 방치되거나 외면당한 경험을 한 아기는 처음에는 격앙된 반응을 보인다. 아기는 소리를 지르면서 주의를 끌려고 애쓴다. 그래도 아무도 오지 않는다는 것을 확인하면 우는 소리는 더욱 커진다. 이렇게 분노하는 듯한 울음소리는 격분 상태에까지 이를 수 있다. 그런데 이렇게까지 했지만 아무도 자신에게 관심을 보이지 않으면 아기는 지쳐서 포기하게 된다.

아직도 많은 부모들이 아기가 울 때 내버려두는 것이 의미 있는 행동이라고 생각한다. 아기가 의도적으로 소리를 지른다고 오해하기 때문이다. 하지만 생후 두 살이 안 된 아기들은 어떤 의도나 계획을 할 수 없다. 오히려 이렇게 방치를 당하게 되면 이것은 끔찍한 기억으로 몸에 각인되어 평생을 따라다닌다. 실제로 울음소리를 계속해서 무시하다 보면 아기는 어느 순간 소리 지르며 우는 것을 포기하게 된다. 하지만 이런 경험이 몇 번 반복되면 이것은 끔찍한 상흔을 남기고 만다. 무력감과 분노, 특히나 격분하는 감정이 강하다면 어린 시절에 트라우마를 겪은 사람일 확률이 높다. 격분은 분노라는 감정보다 한 단계 높은 것으로 파괴하고 싶은 감정이다. 생존에 위협을 느끼는 경험은 두려움이란 감정을 갖게 하고 이것은 격분의 감정을 불러일으키는데 이는 가슴속 깊숙이 잠재돼 있다. 이 격분이라는 감정은 부당함과 불공평에 대한 저항에서 출발한 것인데 심하게 표출될 경우 주변에도 큰 상처를 남길 위험이 있다. '나는 왜 이렇게 분노가 많지?'라는 생각이 든다면 생애 초기에 트라우마가 생긴 사람일 확률이 높다. 심한 경우에는 완전히 예측 불가능한 활화산이라고 생각하면 되는데 이런 분노를 밖으로 '표출해야 한다'고 생각하는 것은 상당히 순진한 생각이다.

죄책감과 수치심의 원천

예전에 신체 심리치료의 일환으로 베개나 매트리스에 주먹질을 하면서 분노를 표출하는 프로그램이 있었는데 오히려 이것 때문에 종종 해리 증상을 일으키는 사람들이 생겨났다. 이들이 갖고 있는 격분의 감정은 상상 이상으로 강렬한 것이어서

| 당신의 어린 시절이 울고 있다 |

컨트롤할 수가 없다. 육체화 과정을 거치지 못한 결과 이들에게서 나타나는 신체 증상은 얕은 호흡인데 이를 '절약 호흡'이라 부른다. 스스로 감정을 조절하는 능력이 부족하기 때문에 에너지를 저장하기 힘들어하고 다른 사람에게 쉽게 뺏긴다.

이들의 대부분은 죄책감과 수치심이 강하다. 내면 깊숙한 곳에 자신이 뭔가를 잘못했다는 생각이 자리하고 있다. 이는 수치심을 유발한다. 자기 잘못이 아니라는 것을 깨닫기까지 긴 과정을 거친다.

아이들에게는 죄가 없다. 오랜 세월 동안 스스로를 배신하고 계속해서 부모의 사랑을 쟁취하기 위해 살았던 자신을 깨닫는 것은 심리치료의 아주 중요한 발걸음이다. 아이들은 부모가 굴욕감을 주거나 무시하고 때리거나 심지어는 성적 학대를 가해도 사랑을 갈구한다. 명백하게 가해 행위를 한 부모여도 충성심을 버리지 못하는 것이다. 그런데 이런 특징 때문에 자기 자신을 제대로 보호하지 못한다.

이런 오래된 상처에 맞서기 힘든 이유는 기억이 구조화되기 힘들다는 점도 있다. 머릿속 깊은 곳에 묻어두었던 끔찍한 기억과 현재 나의 감정이 어떤 연결 고리로 이어져 있는지, 그것을 구조화하는 데만 한참이 걸리기 때문이다.

행복해지기 위해서는 모든 사람을 용서해야 할까? 나는 사람들이 이 용서라는 또 다른 굴레에서 벗어나기를 바란다. 타인(부모도 타인이다)이 아닌 자기 자신을 위해 살기 위해서는 '용서'가 최선의 수단이 아니다. '용서'는 자신이 겪은 일들을 완전히 다 극복하는 경지에 이르면 자연스럽게 하게 되는 것이지 반드시 해야 하는 것이 아니다. 그리고 이 결정은 스스로 해야 한다. 가해자를 용서할지 말지는 제삼자가 정할 수 있는 것이 아니다. 만약 누군가에 의해서 용서를 강요당한다면 어떻게 될까? 오히려 이 경우가 더 위험하다. 분노 표출의 대상이 자기 자신이 되는 경우를 너무나 많이 목격했다. 내면에 잠재돼 있는 상처는 분노를 유발하고 이 감정은 어디론가는 향하게 돼 있기 때문이다.

용서하지 않아도 괜찮아

모든 사람을 용서하지 않고도 좋은 인생을 살아갈 수 있다. 용서해야만 반드시 충만한 삶을 사는 것은 아니다. 물론 증오가 삶의 만족을 가져다주는 것도 아니지만 용서의 반대가 증오는 아니다. 우리가 반드시 용서해야 하는 유일한 사람은 (비논리적으로 들리겠지만) 우리 자신이다. 우리가 자기 자신만큼 혹독하게 대하는 사람은 없다! 지금 당장 자기 자신을 비난하는 태도를 버려보자. 그렇게만 해도 충만한 삶에 한 걸음 성큼 다가가게 된다.

이것은 '이해'라는 주제에도 똑같이 적용된다. 다른 사람을 이해하기 위해서 자기 자신에 대한 이해를 외면하는 경우가 많기 때문이다. 나는 사람들이 이 주제를 놓고 고민하는 모습을 자주 봤다. 예를 들어서 '우리 부모님은 전쟁을 겪으신 분들이라 어쩔 수 없었을 거야. 내가 부모님을 이해해야 돼'라고 애써 생각하는 사람이 있다. 하지만 이렇게 부모를 이해해버리면 결과적으로 자신의 고통과 상처는 억압하는 결과를 낳을 수도 있다. 또 다른 예를 하나 더 들어보자. 당신이 차에 치여서 하반신 마비가 됐다고 상상해보자. 그 차의 운전자가 당신에게 "일부러 그런 게 아니었어요. 나도 마음이 좋지 않아요"라고 말하면서 용서를 구했다. 이때 당신이 그 운전자를 용서하고 이해한다고 해서 덜 고통스럽고 더 이상 아프지 않게 될까? 결코 그렇지 않은 것이다. 그래서 나는 두 가지 다 해도 된다고 말한다. 자기 안에 있는 고통을 화를 통해 표출하는 것도 그대로 하고 그와 동시에 부모 혹은 나에게 상해를 입힌 운전자도 어쩔 수 없었을 거라고 이해하는 것이다. 꼭 용서해야 한다거나, 이해해야 한다는 생각을 버리는 것이 중요하다.

몸은 우리를 일상적인 삶과 연결해주는 도구

어린 시절의 상처가 강한 사람들은 현실적이고 물질적인 차원보다는 정신적인 차원에서 사고한다. 그런 만큼 민감하고 세심한 사람이 많다. 이때 문제는 자신의 몸 안에 살지 않고 몸 밖에서 산다는 점이다. 이것은 무슨 뜻일까? 이것은 설명하기 상당히 어려운 현상이다. 우리는 모두 개인의 공간, 어떤 영역에 둘러싸여 있다. 평소에는 이것을 의식하지 못해도 누군가 불쑥 이 영역을 침범하면 곧바로 알아차린다. 그런데 몸 안에 살지 않고 외부에서 살고 있는 사람은 이 공간이 광범위하게 확장된다. 누군가 자신의 공간을 침범했다고 느끼는 범위 자체가 다른 사람들보다 매우 넓은 것이다. 그러다 보니 이들의 스트레스 감지 시스템은 거의 지속적으로 경보 태세에 있다. 안전 반경이 너무 넓어서 거의 쉴 새 없이 시스템이 작동하는 것이다.

한편으로 보면 자신을 감싸주는 넓은 영역이 안전을 지켜주기도 하지만, 다른 한편으로 보면 개인적인 공간을 충분히 만끽하면서 안정감을 찾을 능력이 없다고도 해석할 수 있다. 이런 상황을 어떻게 하면 변화시킬 수 있을까?

우선 가장 먼저 몸이라는 물리적 공간을 실제로 감지하고 느낄 줄 알아야 한다. 어떤 공간이라는 것은 경계가 있을 때에만 존재하고 이는 안전을 의미한다. 하지만 동시에 한계를 인정한다는 뜻이기도 하다. 몸을 통해 할 수 있는 모든 일들에는 그만 한 제약이 따르기 때문이다. 이것을 인정하면 삶은 더 제한이 느껴지고 죽음도 더욱 분명해진다.

몸이 아니라 정신의 지배를 받는 사람들은 대개가 죽음도 별로 두려워하지 않는다. 몸을 통한 삶에 제대로 발을 들여놓지 않았기 때문이다. 이를테면 그들에게 죽음은 동반자이며 때로는 헤르만 헤세의 소설『황야의 이리』에서처럼 물러나서 쉴 수 있는 곳이다.

한 번도 자신의 몸에 도달해보지 않은 사람은 지속적인 해리 상태에서 살고 있는 경우도 있다. 여기서 '해리 상태'는 무엇을 뜻하는 걸까? 해리는 단절을 의미하는데 이 경우에는 자기 자신과 단절되는 것이다.

내가 어디에 살지, 결정자는 나다

정신적인 공간은 끝없이 확장될 수 있다. 이 공간은 우리가 이 세상에 왔다가 다시 돌아가는 통로이자 시간과 경계가 존재하지 않는 공간이다. 그런데 만약 몸을 자각하기 시작하면 사람들은 갑자기 죽음을 생각하게 되고 오히려 더 상처를 받거나 힘들어질 수 있다. 정신적인 공간은 두려움을 주기도 하지만 동시에 안식처이기도 하기 때문이다.

이렇듯 몸을 자각하는 육체화 과정은 오히려 두려움과 고통을 수반한다. 특히 처음에는 많이 힘들 수 있다. 여기서 중요한 것은 내가 어디에 머무르고 싶은지 선택할 수 있다는 것이다. 우리가 저항할 수 없는 상황에 그냥 내맡겨진 것은 아니라는 것이다. 누군가 내 몸의 경계를 침범했을 때 "아니오"라고 말하는 연습, 몸이 느끼는 대로 행동하는 연습을 하기 시작하면 서서히 몸을 자각하게 될 것이다.

 우리가 알아야 할 것

➜ 우리가 어렸을 때 당한 일은 우리 책임이 아니다!
➜ 어렸을 때 경험을 현재의 삶에 어떻게 적용하는가는 우리 책임이다.
➜ 부모님을 꼭 용서해야 할 필요는 없다.
➜ 몸의 세계에서 살 것인가, 정신의 세계에서 살 것인가, 결정하는 사람은 바로 나다.

| 당신의 어린 시절이 울고 있다 |

나는 내 욕구를 충족하고 있는가?

충분히 관심받지 못한 사람들

자기 자신의 욕구에 성숙하게 대처하거나 배우기는 절대 쉽지 않다. 이 세상의 누군가가 성인이 된 우리의 욕구에 대한 책임이 있다는 가정은 환상이다. 우리 부모가 할 일을 잘했든 못했든 상관없이 일단 어린 시절이 지나고 나면 부모가 우리에게 줄 수 있는 욕구 충족을 위한 티켓의 유효 기간은 만료된다.

성인이 된 우리는 삶에서 무엇을 받아들이고, 받아들이지 않을지 결정하는 능력을 갖게 되는데 이것이 인생에 큰 영향을 미친다. 그런데 이 능력이 어린 시절에 어떤 경험을 했느냐에 따라 크게 달라질 수 있다.

우리가 이 세상에 태어나면 우리를 환영해주고 보호해주는 사람들이 있어야 한다. 단지 육체적으로 안전하다고 느끼는 것보다 훨씬 더 광범위한 욕구를 충족해줘야 한다. 이 욕구가 어떻게 충족됐는지에 따라 나중에 욕구에 어떻게 대처하는지가 결정된다.

태어나서 처음 2년 동안은 아이의 욕구와 정황성情況性이 중요하다. 이 시기에 아이는 서서히 욕구와 감정의 차이를 구분하기 시작하고 구체적인 말로 감정을 표현한다. 아이는 다른 사람들이 자신의 욕구를 인지하고 이에 반응한다는 것을 알게 된다. 아이는 '예'와 '아니오'라고 말하는 것을 배우고 이 단어의 의미를 구분한다. 이 단계에서 만약 계속 결핍을 경험하면 이후 뚜렷하게 특별한 패턴이 만들어진다.

신생아는 다른 모든 사람이 그렇듯 두 가지 방식으로 양분을 채워줘야 한다. 음식을 통해 몸의 양분을 공급하고 관심을 통해 정신적인 양분을 채워줘야 한다. 생애 초기에는 이 두 가지 양분의 근원이 서로 불가분의 관계에 있다. 따라서 몸의 영양을 섭취하는 시간은 그와 동시에 정신적인 영양을 공급받는 시간이어야 한다.

| 당신의 어린 시절이 울고 있다 |

신생아를 가슴에 밀착시키는 순간 아기는 엄마의 심장 박동과 온기를 느낀다. 양분은 다정한 접촉과 육체적인 배부름의 결합이다. 아기는 자신이 이 세상의 중심이라고 느낄 수 있어야 하고, 이것은 이후의 나르시시즘 장애^{자기애성 인격 장애}나 자기중심주의와는 아무런 상관이 없다(오히려 그 반대인 경우가 많다). 아이의 욕구를 가능한 한 빨리 만족시켜 주는 것이 중요하다. 그래야만 자신이 욕구를 가졌을 때 바로 충족될 거라는 내적 믿음이 발달한다.

어린 시절에 관심이 결핍되면 어른이 되어서도 끊임없이 결핍감을 느낀다. 관심이 결핍된 사람들은 인간관계에서 자신의 욕구를 잘 표현하지 못한다. 또한 이들은 삶을 바라보는 관점이 부정적이며 체념이 습관처럼 몸에 배어 있고 어떻게 해도 충분히 채워지지 않는다는 느낌을 받는다. 이들이 갖고 있는 감정의 특징은 다음과 같다.

- 나는 내가 필요한 것이 무엇인지 모른다.
- 나는 할 수 없다.
- 나에게는 아무도 없다.
- 언제나 부족하다는 느낌이 든다.

이런 감정을 갖고 있다 보니 이들은 욕구를 제대로 표현하는 데 서투르다. 욕구를 처리하는 방식에 따라 이들은 크게 두 부류로 나뉜다. 한 부류는 채워지지 않은 욕구를 계속 갈구한다. 어쩌다가 욕구가 채워진다고 해도 받아들이지 못하거나 충분하다고 느끼지 못한다. 또 다른 부류는 자기의 욕구를 아이 때부터 이미 포기해버린 사람들이다. 이들은 자신이 다시는 누군가에게 의존하거나 부탁하지 않아도 될 정도로 자립하겠다고 다짐한다. 이런 상반된 두 가지 태도는 완전히 다른 생활 방식으로 이어진다.

손을 내밀어도 잡지 않는 사람들

이들은 거절을 당했을 때 빨리 체념한다. 자신이 쓸모 있는 존재라는 생각을 하지 못하기 때문에 계속 원하는 걸 고집하기보다 포기하는 것을 택한다. 그러면서 무의식적으로 자신이 어렸을 때부터 익숙했던 상황을 다시 만들어낸다.

또 다른 문제는 뭔가를 미리 포기해버린다는 것이다. 나를 찾아온 내담자들 중에서도 이런 사람들이 많다. 손을 내밀어도 잡지 않는다. 어차피 언젠가는 상대방이 잡은 손을 놓아버릴 거라고 생각하고 미리 피하는 것이다.

그런데 이런 내면의 논리에 이의를 제기하기는 힘들다. 모든 관심은 언젠가는 당연히 끝이 나기 때문이다. 공허함과 무력감이 만들어내는 결핍감과 고립감. 이런 에너지를 뿜어내면 주변 사람들은 이들을 대하기가 어려워진다.

그렇다면 어떻게 해야 할까? 우선 이들은 자신이 필요한 것을 말로 표현하는 법을 배워야 한다. 문제는 이들 스스로가 자신이 원하는 게 뭔지 모른다는 것이다. 그러다 보니 자신의 욕구를 일반화하거나 무엇을 원하느냐는 질문에도 제대로 대답하지 못한다. 원하는 것을 표현하는 법을 배워야 하는데, 원하는 것이 뭔지 모른다는 점. 이것이 핵심이다. 그런데 실제로 이것은 모든 사람에게 결코 쉬운 일이 아니다. 이 글을 읽고 있는 당신은 지금 당신에게 뭐가 필요한지 말로 표현할 수 있는가? 사실 우리 중 대부분은 원하는 것을 말하는 훈련이 되어 있지 않다. 그것을 배워본 적이 없는 것이다. 많은 사람들이 자신의 배우자나 연인이 '내가 말하지 않아도 내 맘을 알아줄 거야'라는 은밀한 소망을 품고 있다.

그런데 원하는 것을 말한다는 것은 불만을 드러내는 것과는 약간 거리가 있다. 일반적으로 사람들은 자신이 불만족하는 부분에 대해서는 잘 이야기한다. 그런데 이것은 구체적으로 진짜 필요한 게 뭔지를 말하는 것과는 다르다. 예를 들면 이런 말이다.

"나는 지금 조금 외로운 기분이 들어. 그래서 당신이 나를 5분 동안 꼭 껴안아주면 좋겠어."

무슨 말인지 감이 오는가? 여기서 말하는 '원하는 것'은 '표현하지 못한 자신의 속마음'이다. 이것을 구체적으로 말할 줄 알아야 한다. 자신의 마음을 표현하는 방법에 대해서는 미국의 심리학자인 마셜 B. 로젠버그^{Marshall B. Rosenberg}가 대표적인 학자이다. 그는 '비폭력 대화'라는 개념을 만들어냈다. 이 대화의 핵심은 자신이 원하는 것을 어떻게 표현하는지 배우고, 욕구를 충족하기 위해 뭘 해야 하는지 알아내는 것이다.

아무도 나를 사랑하지 않아

그런데 비폭력 대화가 말처럼 그렇게 쉬운 것은 아니다. 자신이 원하는 바를 표현한답시고 "나는 항상 혼자이고 내 곁에는 아무도 없어" 또는 "왜 아무도 나를 진심으로 돌봐주지 않는 거야?"라고 말하면 듣는 사람은 겁을 먹고 그 사람을 피하고 만다. 진심으로 그 사람을 도와주려는 마음을 먹는다고 해도 언젠가는 두려움을 느끼게 마련이다. 그런 이유로 멀어지면 그 사람은 또다시 실망하며 말한다.

"역시 아무도 나를 사랑하지 않아!"

이들이 인간관계에서 이런 악순환을 반복하는 이유 중 하나는 행복에 대한 자신만의 각본을 갖고 있기 때문이기도 하다. 자신이 머릿속에 그려놓은 각본대로 주변 사람들이 움직이지 않으면 바로 실망에 빠지기 때문에 아무리 해도 행복을 느낄 수가 없다. 친밀함을 공생과 혼동하는 경우도 많다. 안타깝게도 많은 영화와 드라마, 소설에서 공생을 진정한 사랑으로 묘사하는 경우가 많기 때문이다. 실제 인간관계에서 경험을 통해 자신만의 관계를 만들어나가야 하는데 대중매체에서 본 이미지는 걸림돌이 될 뿐이다.

개중에는 자신의 존재감을 확인하기 위해 다른 사람들을 돕는 직업을 선택하기도 한다. 이런 사람들은 기꺼이 구조자가 된다. 이때 위험한 점은 다른 사람의 욕구가 첫 번째 기준이 아니라는 점이다. 다른 사람들에게 자신이 얼마나 존재감이 있는지가 이들의 관심 사항이다.

기쁨과 슬픔을 만끽하지 못하는 사람들

뭔가를 바랐을 때, 그것이 충족되지 않는 경험을 반복했던 사람들의 특징은 체념과 무감정이다. 이들은 기쁘다는 감정, 슬프다는 감정을 만끽하지 못한다.

우선 이들은 어린 시절의 외로움과 결핍감, 슬픔 등을 충분히 표출하는 과정을 거쳐야 한다. 결핍된 자신의 모습을 인정하고 나면 그때부터 스스로를 지지하고 인정할 수 있는 토대가 마련된다. 이들이 만족감을 느끼려면 무언가를 받아들이는 법을 배워야 한다.

무언가를 원하는 것과 그것을 받아들이는 것에는 엄청난 차이가 있다. 오랫동안 결핍으로 고통받은 사람들은 아주 조그마한 것도 받아들이기 힘들어한다.

이를테면 수일, 또는 수주 동안 굶주린 사람이 아주 조금만 먹어도 배가 아프거나 구토를 하는 것과 똑같다. 그러다 보니 자신에게 필요한 것을 전하는 사람이나 사물도 평가 절하하거나 부인하는 경향이 있다. 자신의 심리 메커니즘이 이렇게 작동하고 있다는 사실을 반드시 깨달아야 한다. 그리고 그것이 일상적인 감정에 영향을 미치고 있다는 것을 알아야 한다. 막상 이것만 잘 깨닫고 나면 이들 대부분은 다른 사람들을 진

| 당신의 어린 시절이 울고 있다 |

심으로 도와주고 인생의 아름다움을 추구할 수 있다.

약점을 강점으로 만드는 법

물론 똑같이 거절당한 경험을 했다고 해서 모두가 똑같은 반응을 보이는 것은 아니다. 어떤 사람들은 같은 경험을 했지만 다른 선택을 하기도 한다. 이때 선택은 본인의 의지가 아니다. 자연스럽게 자신이 필요한 것을 선택했을 뿐이다.

쉽게 포기하고 무기력하며 도전하지 않는 성격 특징을 가진 사람들. 이들은 거절당한 경험이 너무 고통스러워서 포기를 선택한다. 부모에게 자기 존재를 거부당하거나 굴욕감을 느꼈기 때문이다. 이들은 기본적으로 인간에 대한 깊은 불신을 안고 있기 때문에 자신을 도와주려고 하는 사람들에게도 거절을 반복하면서 어린 시절의 경험을 '재연출'한다. 그렇게 함으로써 자신은 아무것도 받은 게 없다는 것을 확인하려고 한다. 자연스럽게 이들은 독립적인 사람으로 자라난다. 다른 사람의 도움 없이 혼자서 여기저기 돌아다니거나 자기 혼자 힘으로 집을 수리한 다음에 자랑스럽게 말한다.

"봐, 난 혼자서도 얼마든지 할 수 있어!"

이 사람들이 갖고 있는 기본 정서는 두려움이다. 누군가에게 손을 내밀었다가 거절당할까 봐 두렵고, 관계를 맺었다가 상처만 받을까 봐 두렵다. 두려움이 지속되면 아무것도 할 수 없을 정도로 무기력감을 느끼기 때문에 더 두려워진다. 그렇기 때문에 뭐든지 혼자 알아서 해결해야 한다는 강한 확신을 갖고 있다. 이들은 절대로 약한 모습을 보이거나 의존적으로 살려고 하지 않는다. 이들의 마음속에 내면화되어 있는 생각들은 아래와 같다.

- 나는 나 스스로를 잘 보살필 수 있다.
- 다른 사람의 도움은 필요하지 않다. 그 누구의 도움도.
- 내 곁에는 아무도 없고 아무도 믿을 수 없다.
- 어디서 무엇을 요구하든 내가 원하는 것을 제대로 받지 못한다.
- 내가 요구를 하는 순간 그것은 가치가 없어진다.

그런데 이런 생각을 가졌기 때문에 오히려 건강한 자아를 구축할 수 있기도 하다. 자원으로 활용할 수 있는 이들의 특징은 다음과 같다. 우선 내면이 강하고 끈기가 있다는 점이다(다른 말로 고집스럽다고 말할 수도 있을 것이다). 또 이들이 갖고 있는 인간에 대한 의심이 건강하게 발현되면 겉모습에 속지 않고 세상을 꿰뚫어보는 지혜를 갖게 될 수 있다. 마지막으로 베푸는 것을 좋아한다는 점이다. 이들은 무언가를 받는 것에는 익숙하지 않기 때문에 어색해하고 주는 것을 더 안전하게 여긴다. 이런 특징은 건강한 인간관계를 만드는 데 오히려 강점이 될 수 있다.

인생은 원래 통제 불가능하다

우리에게 주어진 인생의 과제는 삶에 대한 특정한 관점을 만들어낸다. 우리는 모두 각기 어린 시절의 경험에 따라 내면의 심리 패턴을 갖추게 되고 그것에 따라 세상을 해석하는 본인만의 특정한 안경을 쓰게 된다. 이 안경을 통해 세상에서 벌어지는 일들을 해석하고 우리의 행동을 조종한다. 이것이 바로 '재연출'이다. 우리 모두는 이미 인지하지 못하는 사이에 '재연출'을 통해 사람들에게 우리 자신이 어떤 과제를 안고 있는지 표출하며 살아가고 있는 것이다.

물론 이 말을 매우 조심스럽게 해야 한다는 건 잘 알고 있다. 이것을 잘못 이해해서 우리 자신에게 일어나는 모든 일이

'자기 탓'이라고 단정 지으면 곤란하기 때문이다.

어떤 책에서는 우리에게 일어나는 모든 일이 우리 스스로 끌어당긴 것이며 생각한 대로, 말하는 대로 삶에 나타난다고 주장하기도 한다. 우리가 긍정적인 생각만 한다면 아름답고 건강한 삶을 살 수 있다는 것이다. 그러나 삶의 인과관계는 원래 그렇게 단순한 것이 아니다. 모든 결과에 한 가지 원인이 있는 것이 아니며 꼭 무슨 원인이 있어야 그 결과가 나오는 것도 아니다.

과연 그런 책들이 주장하는 대로 내가 착하면 다른 사람들도 모두 나를 착하게 대할까? 이런 생각은 순진할 뿐만 아니라 끔찍하기까지 하다. 또한 일부 교회에서 내세우는 죄에 대한 강론까지 떠오른다. 우리는 모두 원죄를 갖고 태어났으며 나에게 일어나는 일은 모두 내 탓이다, 원죄를 씻기 위해서는 내가 긍정적인 생각과 행동을 해야 하며, 그래야만 지상에서 천국을 누릴 수 있다 등등의 내용 말이다. 그런 이론에 의하면 암에 걸리는 것도 자신이 생각을 잘못했기 때문이며 성폭력을 당한 것도 자신이 부정적인 생각을 끌어당겼기 때문이다.

하지만 이것은 승자를 위한 이론일 뿐이다! 이 이론은 어려움에 처했거나 약자였기 때문에 당할 수밖에 없었던 사람들에게 혹독하게 책임을 묻는다.

| 당신의 어린 시절이 울고 있다 |

그러나 우리 모두 알다시피 인생에는 통제 불가능한 사건이 일어나게 마련이다. 가끔씩은 우리의 예상을 뛰어넘는 복잡한 일들도 일어난다. 우리가 스스로의 힘으로 모든 것을 손바닥 들여다보듯 알 수 없기 때문에, 삶이 예측 불허라는 것을 받아들이는 겸손한 태도가 필요하다.

사람들은 중병에 걸리거나 사고를 당한다. 안타깝지만 고통은 삶의 일부이다. '소원을 말하면 우주가 들어줄 거야'라는 식의 메시지를 전파하는 책들은 엄청난 피해를 만들어낸다. 나를 찾아온 여성 내담자 중에는 자신이 뭔가 잘못하지 않았다면 성폭행을 당하지 않았을 거라고 확신하는 사람들도 여럿 있었다. 이런 여성들을 보면 정말 미치고 팔짝 뛸 노릇이다.

보고 싶은 것만 보는 사람들

다시 한 번 죄와 아무런 관련이 없는 '재연출'의 개념으로 돌아가보자. 우리의 인식과 행동에 영향을 미치는 뿌리 깊은 심리적인 메커니즘이 있다는 사실 말이다. 우리는 인지를 바탕으로 어떤 상황을 해석하고 행동한다. 문제는 과거 경험 때문에 우리가 보는 것과 해석하는 것에 프라이밍 효과priming effect,

가 난

다는 것이다. 이것은 우리의 가치 판단이 들어간다는 뜻이다. 의식하건 의식하지 못하건 우리는 지각을 통해 상황을 해석한다.

또한 갈등이 생겼을 때는 자신을 반응하는 사람이라 설정하지, 행동하는 사람이라 여기지 않는다. 우리가 스스로를 갈등 유발자로 인지하는 경우는 거의 없다. 대부분 다른 사람들 때문이라고 여길 뿐이다. 이런 맹점 때문에 우리는 멀리 있는 것보다 바로 옆에 있는 자극을 더 강하게 받아들인다.

모든 사람은 언젠가 실망을 줄 것이기 때문에 모두를 의심하고 아무도 믿을 수 없다고 인식하는 사람이 있다고 가정해 보자. 이 사람이 자신의 인식을 확신할 가능성은 얼마나 될까? 물론 100%이다. 모든 사람은(아무리 친한 친구라 할지라도) 언젠가 한 번쯤은 상처나 실망을 주게 마련이기 때문이다. 그것은 나도 마찬가지이고 모든 관계가 그렇다. 그런데 마음속 깊이 이런 인식을 갖고 있는 사람은 자신의 믿음을 확인하기 위해 그 증거를 찾는다. "내가 그럴 줄 알았어! 내 친구조차도 믿을 수 없다니까!"

그러다 보니 계속해서 같은 경험을 반복한다는 느낌을 받는다. 아무도 믿을 수 없다고 생각하는 사람들은 프라이밍 효과 때문에 다른 사람들과 함께했던 일 중 아름답고 좋았던 아흔아홉 가지 일들은 인지하지 못한다. 그 대신 안 좋았던 한 가지 일만 기억한다. 우리는 어른이 된 이후 매를 맞거나, 거부당하거나, 불친절한 대접을 받지 '않는' 경험을 천 번도 넘게 했다.

만약 이렇게 성인이 된 이후 겪었던 새로운 경험들, 좋은 경험들이 그 자체만으로 어린 시절의 상처를 치유하는 효과가 있다면 아마도 우리가 겪는 심리적인 문제는 현격히 줄어들 것이다.

우리는 왜 중독과 우울에 빠지는가?

두 번째 인생 과제인 '나는 내 욕구를 충족하고 있는가?'에 '예스'라고 답하지 못하는 사람이라면 생각해보자. 혹시 자신이 하고 싶은 일을 할 때, 자기 욕구에 충실할 때 수치심을 느끼지 않는가? 수치심과 공허함, 채워지지 않는 갈망을 느끼지 않는가? 그런데 만약 그렇다면 조심해야 한다. 갈망이 깊은데 그것을 채울 방법을 찾지 못한다면 중독으로 빠질 가능성이 있기 때문이다.

자신의 욕구를 어느 정도 풀어내면서 살고 있다면 좋겠지만 그렇지 못하기 때문에 갈망이 생긴다. 이 갈망은 애착, 사랑이라는 영양이 결핍됐을 때 나타나는 현상이다. 이렇게 영양이 결핍된 상태에서 일단 성인이 되어버리면 결핍감을 없애기란 매우 어렵다. 안타깝게도 유년기에 이런 사랑과 보살핌을 받지 못했다면 이런 갈망은 영원히 채워지기 힘든 것이다. 배우자 또는 연인, 친구들이 그 역할을 해준다고 해도 마음속 깊은 곳에서 우러나오는 굶주림을 완전히 채워줄 수 없다. 그렇다면 어떻게 해야 할까? 우리가 할 수 있는 일은 지금 갖고 있는 것에 행복을 느끼면서 자기 자신을 잘 돌보고 배우는 것이다. 중독은 대부분 채워지지 않는 욕구가 모호한 갈망을 만났을 때 나타난다. 완전한 내면의 만족과 충족을 갈망했을 때 필연적으로 나타나는 고통을 없애기 위한 몸부림인 것이다.

여기서 말하는 중독은 우리가 흔히 알고 있는 알코올 중독이나 마약 중독만을 얘기하는 것이 아니다. 회피, 설탕, 담배, 쇼핑, 게임, 섹스, 일 또는 스포츠 등 모든 것에 대한 중독이 해당된다.

자기 조절의 결핍

우울증의 원인 중 하나는 자기 조절의 결핍이다. 자꾸 감정적인 내성이 떨어져서 자기 스스로를 컨트롤할 수 없게 되는 것이다. 이런 상태에 빠지면 자신이 뭘 좋아하는지 뭘 하고 싶어 하는지 욕구를 잘 느끼지 못하고 잘 표현하지도 못한다(이것이 바로 우울증의 증상 중 하나이다).

그렇게 되면 당연히 호불호를 명확하게 표현할 수 없게 되니, 슬픔과 기쁨도 제대로 표출하기가 어려워진다. 슬픔이라는 감정은 우리 자아가 성장하고 발전하는 과정에 지대한 영향을 미친다. 슬픔 없이는 새로운 시작을 할 수도 없다.

상처가 없는 사람은 물론 없다. 그런데 그 상처를 계속 마음속에 담아두기만 하고 슬픔으로 표현하지 못하게 되면 내성은 떨어지고 결국 우울증으로까지 발전한다.

우리가 알아야 할 것

➜ 내가 필요한 것을 말로 표현하는 연습을 한다.
➜ 나쁜 경험 하나가 좋은 경험 아흔아홉 개를 덮어버리는 것을 경계하라.

나는 타인의 도움을 받아들이는가?

두 발로 걷기 시작하면 달라지는 것들

만 한 살 이후 또는 두 살 초 무렵에는 큰 변화가 일어난다. 이 시기에 아이는 네 발로 기어 다니기 시작하다가 두 발로 걷기 시작한다. 두 발로 걷는 것은 엄청난 의미가 있다. 아이의 생활 반경과 시야가 급격히 변하기 때문이다. 이 시기에 앞서 몸을 뒤집고 머리를 드는 행동만으로도 시야가 훨씬 넓어진다. 걷기 시작하면 더 이상 눈앞에 뭔가가 '나타나기를' 가만히 누워서 기다리고만 있지 않아도 된다. '독립적'인 개체가 되는 것이다. 물론 이렇게 점점 더 주위를 탐색하는 시기에도 양육자의 도움이 필수적이다. 이런 단계는 네 살 때까지 지속되다가 다른 발달 과제와 겹치게 된다.

아이가 움직이기 시작하면서 양육자와 아이의 소통에는 점점 변화가 일어난다. 아이는 예전보다 훨씬 더 자주 '안 돼'라는 말을 듣게 되는 것이다. 이 시기의 발달 과제는 아래와 같다.

- **세상 탐색하기**

아이는 호기심이 생겨서 세상 밖으로 나가고 싶어 한다. 양육자와 안정적인 애착 관계를 맺었다면 과감한 탐구욕으로 늘 새로운 것을 발견하려고 한다.

- **감정과 활동 구분하기**

아이는 점점 감정과 활동을 구분하는 법을 배운다. 어떤 활동인지를 표현할 수 있고, 어떤 감정인지를 알 수 있게 된다.

- **대상과 단어 연결하기**

아이는 대상에 단어를 연결하고 이를 구분하는 것을 배운다. 그리고 세상에 대한 추상적인 이해가 발달하기 시작한다.

• 신체 배설물 조절하기

아이는 대소변이 마려운 것을 느끼고 말하는 것을 배우게 된다. 아이는 부모의 도움으로 화장실 사용법을 익힌다.

• 스스로 하기 위해서 도움 요청하기

이 부분이 지금 우리에게 가장 중요하다. 다른 사람에게 도움을 받는 것은 우리 삶에서 아주 기본적인 욕구이다. 어린 시절에 이 경험을 어떻게 하느냐에 따라 평생의 행동 방식이 달라질 수 있다.

• 인과적 관계(원인 - 결과) 이해하기

아이는 어떤 행동의 결과를 이해하기 시작하고 서로 다른 사건을 연결하는 법을 배운다. '내가 식탁보를 잡아당기면 접시가 와장창 깨진다'는 걸 알게 되는 것이다.

• 자신의 감정 표현하기

어떤 사람이 왜 특정한 행동 패턴을 보이는지를 알기 위해서는 이것도 중요한 의미가 있다. 아이는 자신의 감정과 다른 사람의 감정이 다를 수 있다는 걸 배운다. 이것을 잘 익히고 나면 아이는 자신만의 감정을 표현할 권리가 있다는 것을 배운다.

부모는 안전한 항구

아이는 기어 다니다가 걷는 것을 배우게 되면서 행동반경이 점점 확대되고 점점 더 많은 것을 시도한다. 이때 부모는 자기만의 행동 패턴으로 아이의 행동에 제재를 가한다.

특히 독일에서는 아이를 응석받이로 키우지 않으려고 신경을 많이 쓰기 때문에 아이가 의존하거나 도움을 요청해도 거절하는 경우가 많다. 그런데 이 시기에 양육자가 어떻게 반응하느냐가 평생의 행동 패턴을 좌우한다는 것을 알아야 한다. 이 시기의 아이는 무기력한 상태로 혼자서는 아무것도 할 수가 없다. 즉 전적으로 부모의 세계에 의지하고 있는 것이다. 부모가 만약 사랑, 안전, 지지를 많이 경험한 사람이라면 아이에게도 똑같이 베풀 확률이 높다. 이런 사람들은 자신의 아이에게 기꺼이 도움을 준다. 자신이 항상 안전한 항구처럼 지키고 있다는 것을 보여주며 마음에 안정감을 심어준다.

그러나 애착 성향이 불안한 부모의 경우에는 다르게 반응한다. 이들 중에서도 교육을 통해 자각한 부모의 경우에는 아이에게 도움을 주지만, 그렇지 않은 경우에는 '어리광' 부리지 말라는 신호를 보낸다. 아이가 자립하는 것에 대해 가치 평가를 하면서 동시에 도움이 필요하다는 것에는 굴욕감을 느끼게 한다. 아이는 무언가를 할 수 있고 스스로 하는 것이 멋진 일이라는 것을 배운다. 그렇지만 뭔가가 필요하고 도움을 요구하고 의존할 때마다 핀잔을 받게 되면 그 행동이 옳지 않은 것이라는 사실을 학습하게 된다.

아이가 할 일을 빼앗는 부모

또 어떤 부모는 아이가 도움을 요청해도 무시해버리거나 도와주는 대신에 그 일을 직접 하기도 한다. 예를 들어 어떤 아버지는 아이가 블록으로 탑을 쌓는 것을 도와주지 않고 '제대로' 하는 방법을 가르쳐주겠다며 아이의 손에 든 블록을 빼앗아 자신이 직접 쌓는다. 아이는 그렇게 아버지에게 제압당하는 순간 무기력감을 느낀다. 이때 자신의 경험과 그를 통한 감정을 박탈당하기 때문이다.

이 시기에 아이는 부모 중 한 명의 '부속'이 되어 동맹을 맺기도 한다. 예를 들어 아들은 엄마의 귀염둥이이자 기사이자 보호자가 된다. 딸은 아빠의 공주님이 된다. 이렇게 해서 아이들은 그들에게 맞지도 않고 좋지도 않은 지위에 놓이게 된다. 표면적으로는 떠받들어지기 때문에 그 자체로 기분이 좋을지 모르지만 사실 이것이 부모의 사랑을 의미하지는 않는다. 어떤 부모는 아이들을 배우자의 대용으로 사용하기도 하며, 또 어떤 아이들은 사이가 안 좋은 부모 사이를 오가며 눈치를 보고 싸움을 중재하는 역할을 하기도 한다. 이런 여러 가지 상황에 처한 아이들의 공통점은 자신의 역할을 수행하기 위해 성숙해진다는 것이다. 그러면 자연스럽게 응석과 투정을 부리는 등 자신의 욕구에 충실한 아이의 본성에서는 멀어진다.

"아기처럼 굴지 마."

이 말을 많이 듣고 자란 아이는 부모에게 인정받는 행동을 하기 위해 빨리 성숙하게 되지만 철저하게 혼자 버려진 채 자랐기 때문에 타인에게 도움을 요청할 줄 모르는 사람이 되고 만다.

너무 일찍 어른이 된 아이들

아이가 감당하기 힘든 요구를 받고 주변에 도움을 요청했는데 무시당한다면 어떻게 될까? 그래서 할 줄 아는 척 흉내만 냈는데 칭찬을 받는다면? 그렇게 되면 아이는 완전히 잘못된 자아상을 갖게 된다. 이것이 잘못된 거울 반응이다. '거울 반응'이란 주변 사람들로부터 나와 나의 태도에 대한 반응을 확인하는 행위다. 예를 들어 뭔가를 성취할 때만 "정말 잘했어!" 같은 칭찬을 들은 아이는 자신이 뭔가를 해낼 때만 가치 있다는 자아상을 갖게 된다.

"네가 있어서 정말 좋아." 또는 "너를 볼 때마다 정말 기뻐"와 같은 말을 들었을 때와는 다르다. 이때는 '행위'가 아니라 '존재' 자체에 긍정적인 반응을 얻는 것이기 때문이다. 어린 시절에 이런 피드백을 전혀 받지 못한 사람들은 행동과 자신을 동일시하는 경향이 강하다. 이들은 뭔가 노력한 행위에 대해서만 거울 반응을 받았기 때문이다.

또한 '방임'으로 만들어지는 거울 반응도 있다. 예를 들어 아이가 양육자에게 자신이 그린 그림을 보여주었다. 그런데 그것을 자세히 들여다보거나 아이가 하는 말을 듣지도 않고 그냥 기계적으로 잘했다고 칭찬하거나 아무런 반응을 보이지 않으면 어떻게 될까? 그런 피드백을 받은 아이는 자신의 행위뿐 아니라 존재가 무가치하다고 느낀다.

이렇게 잘못된 거울 반응을 받은 사람들은 너무 일찍 어른이 되어야 했다. 너무 어린 나이에 감당하기 버거운 역할을 맡거나 책임을 떠맡아야 했기 때문이다. 결과적으로 이들은 진짜 자기감정이 뭔지 잘 알지 못하고 현실에 접근하지도 못한다.

심각해지고 나서야 도움을 청하는 사람

너무 일찍 어른이 된 사람들이 진짜 어른이 됐을 때 무슨 일이 벌어질까? 핵심적인 문제는 이들이 솔직한 심정을 드러내지 않는다는 것이다. 자신의 내면을 드러냈다가 굴욕을 당할까 봐 두렵기 때문이다.

기본적으로 이들은 타인을 믿지 않으며 세상이 자신을 속이고 있다고 생각한다. 이 때문에 인간관계에 어려움을 느낀다. 특히 깊은 관계를 잘 맺지 못한다. 잘못된 거울 반응이 내면에 고착화돼 있기 때문에 웬만해서는 진한 관계를 만들려고 하지 않고 그런 관계가 생긴다고 해도 거부하거나 회피하는 반응을 보이면서 쉽게 상처를 주고 만다.

이들이 지닌 상처의 뿌리는 매우 깊다. 끊임없는 노력으로 자기 혁신을 이룬다고 해도 무력감과 허탈함이라는 기본 정서에서 잘 벗어나지 못한다. 쉰 살쯤 된 여성 내담자가 이런 감정을 적절하게 표현한 적이 있다.

"저는 모든 것을 이뤄냈어요. 부부관계도 좋고, 아이들도 다 잘됐고요. 집, 명성, 직업적인 성공 전부 다 얻었는데 왠지 모르게 비참하고 텅 빈 것 같고 우울합니다."

얼핏 사회적으로 성공하고 많은 사람들에게 지지를 받으면 문제가 없을 거라고 생각할 수도 있지만 그렇지 않다. 오히려 그렇게 잘 '기능하는' 사람들은 문제가 아주 심각해진 이후에야 주변에 도움을 청한다.

언젠가 '일과 삶의 균형'을 주제로 한 세미나에서 나는 신체를 중심으로 하는 심리치료를 전공했다고 나를 소개하면서 어떤 사람의 몸만 봐도 그의 성격과 과거에 있었던 일을 알아낼 수 있다고 말했다. 그러자 잠깐의 침묵이 흘렀고 한 여성이 이렇게 말했다.

"그럼 저에 대해 말해보세요!"

"지금 이 자리에서 정말 말해도 될까요?"

내가 물었다.

"네, 상관없어요."

"출생 과정이 상당히 힘드셨던 것 같아요."

내가 이렇게 말하자 잠깐 침묵이 흘렀다.

"맞아요, 틀려요? 제가 잘못짚은 것일 수도 있잖아요."

"저는 태어나는 과정에서 거의 죽을 뻔했어요. 상당히 힘들었다고 말할 수 있죠."

여자가 말했다.

점심시간이 끝날 때쯤 알파 남성 그룹 중 한 명이 나에게 말을 걸었다.

"저는 어떤 것 같아요?"

나는 미소를 지으며 말했다.

"제가 보기에는 온 힘을 다해서 모든 일을 혼자서 해내려고 애쓰는 사람 같아요. 당신은 가라앉기 직전이나 온갖 실패를 겪은 후에야 주변에 도움을 요청할 것 같네요."

세미나가 끝난 후 나는 누군가 나를 기차역까지 태워다 줄 수 있는지 물었다. 알파 남성 그룹 중 또 다른 한 명이 벌떡 일어나 사람들을 향해 말했다.

"제가 모셔다드릴게요!"

그의 차를 타고 역으로 가는 동안 아까 나에게 질문을 했던 그 남성과 통화가 연결되었는데 그는 내 말이 다 맞는다고 하면서 지금 자신이 매우 심각한 상황이라고 털어놓았다. 우선 아내가 그를 떠났고 가족관계가 다 깨지면서 모든 것이 엉망이 되어버렸다는 것이다. 그는 지금 심리치료사를 구하고 있다면서 자신이 어떻게 이 상황에 대처해야 하는지 알고 싶다고 토로했다.

우리가 알아야 할 것

→ 누구가에게 도와달라고 말하는 연습을 한다.
→ 나 혼자 모든 것을 책임지지 않아도 괜찮다.
→ 내가 힘들면 안 해도 된다고 생각한다.

| 당신의 어린 시절이 울고 있다 |

나에게는 '자기효능감'이 있는가?

장애물을 뛰어넘을 생각조차 하지 않는 사람

네 번째 인생 과제는 한 살 반에서 네 살 사이에 주어진다. 이 시기에 아이들은 중요한 새로운 것들을 많이 배우게 된다. 점 점 더 자립적으로 되고 생활 반경이 넓어지며 새로운 것을 시 도한다. 이와 함께 '자기효능감'이라는 감정이 형성된다.

자기효능감은 주변을 자신의 힘으로 긍정적으로 변화시키 거나 영향을 미칠 수 있다고 생각하는 감정이다. 이것은 인생 을 살아가는 데 매우 중요한 감정이자 능력이며 행복의 척도 가 되기도 한다.

자기효능감의 반대는 이른바 학습된 무기력이다. 이 개념은 심리학자인 마틴 셀리그만^{Martin Seligman}이 만들어낸 것인데 그가 개들을 대상으로 한 심리 실험은 유명하다.

그는 개들을 크게 두 그룹으로 나누었다. 첫 번째 그룹의 개 우리에는 바닥에 전기가 통하게 하고는 작은 장애물을 뛰어넘으면 피할 수 있도록 했다. 그리고 두 번째 그룹의 개 우리에는 바닥에 전기가 통하게 하면서 어떻게 해도 빠져나갈 수 없게 조치했다. 두 번째 그룹의 개들은 전기가 멈출 때까지 그저 바닥에 앉아서 고통을 견뎌야 했던 것이다. 나중에 이 개들을 첫 번째 그룹의 개 우리로 데려가도 그들은 작은 장애물을 뛰어넘을 생각조차 하지 않은 채 그저 바닥에서 고통을 감내하고 있을 뿐이었다. 이것이 바로 학습된 무기력이다.

안타깝지만 사람도 마찬가지이다. 특히 어린 시절에 큰 상처를 입은 사람들은 성인이 되어서 이런 행동을 보인다. 이들은 자기효능감이 없으며 시련이나 사건에 맞서서 싸워봤자 아무것도 할 수 없다고 생각한다. 성인이 된 지금은 어린 시절과는 다르며 삶을 바꿀 수 있는 가능성이 무궁무진하다는 것을 깨닫지 못한다. 이것은 당사자와 주변 사람들에게도 아주 슬픈 일이다.

'아니오'라고 말할 줄 알아야
'네'라고도 말할 수 있다

자기효능감을 배우는 시기는 아이가 모든 일에 '네'라고 답하지 않고 스스로의 판단을 통해 '아니오'라고 대답하게 되는 시기와 겹친다. '아니오'는 우리에게 엄청나게 중요한 말이다. 다른 사람에게 거리를 두는 것을 의미하기 때문이다. 우리는 '네'라고 말할 수 있기 위해서 '아니오'라고 말할 줄 알아야 한다. 처음 나에게 신체 심리치료를 해준 선생님은 이런 말을 한 적이 있다.

"다른 사람에게 '아니오'라고 말하는 것은 자기 자신에게 '네'라고 말하는 것이다."

이 말처럼 우리는 아니라고 말하면서 '나'의 존재감을 확인한다. 신생아일 때 우리는 자아를 확인할 수 없다. 이때는 양육자의 일부분으로 자신을 인식할 뿐이다. '아니오'라고 의사표현을 하면서부터 우리는 점점 스스로에 대해 감정을 갖게 된다.

'나는 네가 아니고 너는 내가 아니다. 나는 너와는 다른 것을 원하고 있고, 그렇게 하는 것이 정상이다.'

이런 생각을 갖는 것은 자기감정이 발전하는 중요한 발걸음이다.

그런데 이 시기에 '아니오'라고 솔직하게 말하지 못하면 나중에 상당히 힘들고 괴로운 삶의 패턴이 나타날 수 있다. 이것은 양육자가 아이를 지나치게 통제하기 때문에 발생한다. 세상이 너무 위험한 곳이라서 그저 붙잡아두려고 하는 것이다. 이런 양육자는 아이가 혼자 뭔가를 하려고 하면 죄책감을 불러일으킨다.

"지금 나가면 다시는 돌아오지도 마." 또는 "너는 나가서 놀아. 나 혼자 어떻게 되겠지 뭐."

이런 말을 들으면 아이는 양육자와의 관계를 잃지 않기 위해서 자신의 의지와 세상에 대한 호기심을 억누른다.

기본 정서는 죄책감

이런 양육자는 대체로 외적인 것을 중요시하고 과제 지향적이다. 물질적으로는 충분하거나 때로는 지나칠 정도로 지원을 하지만 자유로운 생각을 제한한다. 아이가 시끄럽게 떠들거나 자유분방하게 행동하거나 자기 의지대로 행동하면 불쾌감을 표출한다. 그러면 아이는 그것에 대해 죄책감을 느끼고 결국에는 자유롭게 행동할 수 없게 된다. 신체적인 체벌을 가하지 않는다고 해서 고통스럽지 않은 것은 아니다. 아이는 양육자가 불쾌해질까 봐 솔직하게 자기 분노를 드러내지 못한다. 그리고 항상 자기감정을 통제한다. 그렇지 않으면 비난, 무시를 당하거나 더 이상 사랑받을 수 없기 때문이다. 이런 양육 방식이 반복되면 "내가 나를 부인해야만 사랑을 얻을 수 있다"는 심리 구조가 뿌리를 내리게 된다. 이런 사람들 중에는 매우 유머러스하고 친절하고 다정다감한 사람도 많다. 중요한 것은 그 이면에 어마어마한 분노와 반항심이 잠재돼 있다는 것이다. 앞에서는 웃으면서 '네'라고 해놓고서는 약속을 어기는 사람들이 그런 부류이다. 이들의 장점은 인내심이 있다는 것이다. 다른 사람들 같으면 미치기 일보 직전인 상황에서도 이들은 묵묵히 잘 견뎌낸다.

그 반면에 단점은 자기 안에 자기가 없다는 것이다. 이들은 다른 사람의 마음에 들기 위해 자기를 속인다. 예를 들어 아파도 아프다고 말하지 못하고 일하러 나간다. 속으로는 싫은데 겉으로는 좋다고 말한다. 자신의 힘과 능력을 보여주지 않으면 버림받을 거라고 확신하기 때문이다. 이들의 기본 정서는 죄책감이다.

이런 사람들은 지금 비가 오는 것에도 죄책감을 느낀다. 남

들이 그냥 아무 의미 없이 하는 말도 비난과 호소로 알아듣는
다. 이들은 너무 쉽게 죄책감에 빠지고 자신의 욕구대로 행동
하지 못한다. 고통이 따르는 것은 당연한 귀결이다.

모두를 행복하게 해주었다
자기 자신을 제외하고

나는 어떤 그룹에서 한 여성 참가자와 함께 경계 짓기를 주제
로 작업한 적이 있다. 나는 그녀에게 자신이 원하는 대로 살
수 있으며, 굳이 다른 사람이 원하는 것이 뭔지를 확인하려고
하지 말라고 몇 번이고 강조했다. 나는 그 의미를 강하게 전달
하기 위해 그녀의 무릎에 손을 올리고 원하지 않으면 싫다고
말해도 된다고 말했다. 그러자 그녀는 울먹거리면서 말했다.

"하지만 강사님이 손을 제 무릎에 올려두는 것을 좋아하시
는데 제가 거절해서 상처 받으시면 어떡해요."

이런 식의 생각에 빠져 있으면 평생 감옥에 갇혀 있는 것과
마찬가지이다. 우리가 어떤 결정을 내리든 환호하는 사람이
있는 반면에 상처 받는 사람은 항상 있게 마련이다. 그러므로
우리는 이 감옥에서 빠져나올 수 없다. 살아가면서 한 번쯤 누

군가를 실망시키는 일은 피할 수 없다. 나와 다른 사람들은 다르기 때문이다. 그런데 주변 사람들에게 상처 주지 않는 것이 첫 번째 삶의 목표가 되어버리면 아마도 생을 마치고 비석에 이런 문구를 적어야 할 것이다.

"모두를 행복하게 해주었다. 자기 자신을 제외하고."

어린 시절부터 맘 놓고 뭔가를 시도하지 못했던 이들이 품고 있는 생각은 다음과 같다.

- 내가 하는 모든 행동이 곧 나다(이들은 사람과 행동 사이를 구분하지 않는다).
- 그건 내 탓이다.
- 내가 무슨 일을 하든지 간에 그건 옳지 않다.
- 내가 내 에너지를 발산하면 다른 사람이 부서진다.
- 누군가와 가까워지기 위해서는 나를 포기해야 한다.

늘 그렇듯 이런 특징 중에는 유익한 것들도 있다. 이들 중에는 유머러스한 사람이 많다. 타인에 대한 배려심이 강하며 친절하고 마음이 따뜻하면서 자기비판적이기도 하다. 이런 점은 인간관계에서 큰 자원이 되기도 한다. 꼼꼼하고 믿음직스러우며 사랑스러운 면도 많은 이들이 갖고 있는 함정은 타인을 배려하느라 정작 자신이 뭘 좋아하는지 잘 알지 못한다는 점이다. 주변에서 아무리 변화를 촉구해도 바뀌기는 쉽지 않다. 행동을 바꿔야 변화가 일어나고 그것에서 즐거움을 느껴야 진짜 변화를 일으킬 수 있는데 행동을 시도하는 것 자체를 하지 않는다. 한 번도 물속에 들어가보지 않은 사람이 수영을 하면 어떤 기분인지 어떻게 알 수 있겠는가?

또 다른 함정은 마음속으로 항상 모든 것을 평가하는 습관이다. 이들은 끊임없이 평가를 당한 경험을 통해 세상사를 옳고 그른 것으로 나누어 스스로를 평가한다. 이런 습관은 삶을 항상 버겁게 만든다. 그렇게 하다 보면 뭔가를 새로 시작하거나 기존과는 다른 도전에 직면했을 때 포기를 택하게 만든다.

물론 평가 자체가 나쁜 것은 아니다. 우리 뇌는 그야말로 평가 기계이다. 유쾌한지 불쾌한지, 재미있는지 재미없는지를 판단해야 우리가 스스로의 삶을 통제할 수 있다. 하지만 우리는 나이가 들수록 평가 자체와 자기 자신을 동일시하지 않는 법을 배워야 한다. 특히 자기효능감이 약한 유형은 서로 모순된 감정이 공존할 수 있다는 것을 알아야 한다.

예를 들어 화가 나는 사건을 겪을 때, 화를 겉으로 드러내도 여전히 사랑받고 존중받을 수 있다는 것을 알아야 한다. 또 비록 다른 사람들이 좋아하지 않은 일을 한다 해도 그것이 사

| 당신의 어린 시절이 울고 있다 |

회적으로 가치 있는 일일 수도 있다는 것을 판단할 줄 알아야
한다.

우리가 알아야 할 것

➔ 나는 누군가를 기쁘게 해주기 위해 존재하는 게 아니다.
➔ 내가 누군가를 실망시키는 일은 삶에서 필연적이다.
➔ '내가 하는 행동이 곧 나'는 아니다.

나는 사랑과 성에 관대한가?

성폭력만이 성적 학대는 아니다

다섯 번째 인생 과제는 만 세 살과 여섯 살 사이 이른바 남근기에 시작된다. 이 시기에 아이는 부모에게 선을 넘지 않은 상태에서 자신이 감성적 존재이자 성적인 존재라는 것을 피력한다. 이 시기의 아이들은 여러 가지 역할을 시도하며, 자신의 감정을 훨씬 세분화해서 인지하고 감정을 표현하기 시작한다. 또한 이 시기에 아이는 독립을 향해 큰 발달 단계를 거치고 인지 능력이 엄청나게 향상된다. 이 시기의 특징들은 다음과 같다.

- 아이는 완전한 문장으로 말하는 것을 배운다.

- 원인과 결과의 원칙을 이해한다.

- 자기 마음대로 근육을 긴장시켰다가 이완시킬 수 있다.

- 환상과 현실을 구분할 수 있다.

- 성 역할을 의식하고 가족 내 또는 다른 그룹의 여러 역할을 안다.

- 감각적인 감정과 사랑을 느끼기 시작하고 가슴으로 받아들일 수 있다.

- 사랑과 에로틱한 감정을 느끼고 이를 표현할 수 있다.

- 우정을 맺기 시작한다(가장 친한 친구가 생긴다).

남근기를 긍정적으로 보낸 사람은 나중에 사랑과 성에 대해서도 긍정적으로 받아들인다. 친밀함을 성적인 신호로 잘못 받아들이거나 모든 관계를 성적으로 해석하는 오류를 범하지 않고 자신의 감각을 표현할 줄 안다. 이들에게 성은 친밀함과 사랑의 표현이며 애정 관계의 일부분이다. 그런데 만약 남근기에 지나치게 엄격하게 성적 감각을 거부당하거나 혹은 그 반대로 성적인 부분을 강요받게 된다면 어떻게 될까? 양쪽 모두 정서적으로 좋지 않은 영향을 미친다.

어떤 부모는 아이가 어느 정도 크면 성적으로 지나치게 가까워지는 것에 불안함을 느껴 스킨십 자체를 거부한다. 그런데 아이들은 이것을 관계의 단절로 인식하고 혼란스러워하며 큰 상처를 받는다. 그러면서 암묵적으로 자신의 성은 나쁘고 환영받지 못한다고 인식하게 된다.

또 이 시기에 실제로 부모가 성적인 가해자가 되기도 한다. 어린 시절 겪은 성적 폭력은 평생에 걸쳐 따라다니기 때문에 매우 중요하다. 여기서 말하는 성적 폭력은 강간과 같은 실질적인 성폭력만을 의미하는 것이 아니다. 예를 들어 성인이 아이를 대상으로 성적인 에너지를 발산하거나 그런 환경에 아이를 노출시키는 것예를 들어 포르노나 성적 학대를 목격하는 것 등등을 말한다.

모든 여성은 성적 시선이 얼마나 불쾌한 것인지 잘 알고 있다. 성적 욕망보다 더 강하고 날것인 에너지는 없다. 전혀 마음이 없는 상대가 일방적으로 성적 시선을 보낸다면 어떤 여성이라도 당황하거나 혐오감을 느낄 것이다. 그런데 아이들의 경우에는 특히나 이런 에너지에 압도당하고 만다. 그 이유는 다음과 같다.

1. 이 에너지는 너무 강해서 아이가 감당할 수 없다. 접촉이 이루어지지 않는다고 해도 과도한 부담과 제압이 일어난다.
2. 아이는 몹시 혼란스러워한다. 무슨 일이 일어났는지 판단

| 당신의 어린 시절이 울고 있다 |

하지 못한다.

3. 스트레스 상황 때문에 애착 반사가 일어난다. 성적 폭력을
   행사하는 사람이 밀접한 관계에 있는 양육자일 경우, 아이
   는 이 사람에게 보호받으려고 애쓴다. 하지만 그것이 불가
   능하다는 것을 체득하고 나서 무슨 일이 일어났는지 솔직
   하게 말하지 못하는 상황에 빠진다.

30초 동안의 사건이
평생을 따라다닌다는 비극

많은 여성들이(때로는 남성들도) 성적 폭력을 당했음에도 "사
실은 아무 일도 없었어요"라고 말한다. 혹은 어떤 일에 대한
책임을 자기 자신에게 돌린다. 이들은 왜 이런 어른으로 자랐
을까? 아이들에게 성적 가해를 한 사람들 대부분은 잘못이 아
이들에게 있다고 말한다. 어린 시절에 이런 경험을 한 채 어른
이 되면 많은 경우 성적으로 친밀한 관계를 어려워하는데, 이
들은 스스로 감지하지 못한다. 자신이 성적 폭력을 당한 사람
이라고도 생각하지 않는다. 뭔가 심각하게 신체적인 가해 행
위를 하는 것이 '성적 폭력'이라고 생각하기 때문이다.

나는 예전에 여학생만을 대상으로 자기방어 강좌와 자기주장 강좌를 운영한 적이 있다. 그 당시 나는 성추행에 대해 설명했는데 거의 모든 여학생들이 내가 무슨 얘기를 하는지 정확히 알고 있었고, 나는 그 사실에 충격을 받았다. 그 자리에 있던 사춘기 여학생들의 대부분은 그런 경험을 직접 했거나 아니면 주변 사람에게 그런 사례를 들어서 알고 있었던 것이다. 여학생들은 학교에서 어떤 교사가 성추행을 하는지 잘 알고 있었다.

　특히 체육 시간에 자세를 잡아준다는 명목으로 성추행을 하는 경우가 가장 많았다. 성추행은 매우 일반적으로 일어나는 일임에도 공개적으로 잘 드러나지 않는다는 것이 특징이다. 그러나 이것은 결코 무해하지 않다. 대부분 혼자 있는 경우에 당하는 경우가 많고 그러다 보니 아이 말을 믿어주지 않는 경우가 다반사이다. 아이는 솔직하게 말했을 때 자신의 말을 들어주지 않는 양육자에게 심리적 단절감을 느끼고 고립된다. 이해받지 못하고 외로움을 느끼게 되면 결국에는 자기 자신에게 뭔가 문제가 있다는 결론을 내리고 만다. 이것이 바로 '2차 트라우마'이다. 원래 있던 트라우마에 또 다른 트라우마가 이어지는 것이다. 만약 처음 성추행을 당했을 때 아이의 말을 즉각 받아주면 그토록 고통스럽지는 않을 것이다. 성추행을 경험했다면 그것이 매우 부당한 일이며 그에 대한 책임은 100% 가해자에게 있다는 사실을 양육자가 잘 알려줘야 한다. 나는 한 사람이 다른 한 사람의 인생을 얼마나 쉽게 망가뜨리는지를 볼 때마다 놀라움을 금치 못한다. 생각해보라. 성추행은 30초도 채 걸리지 않지만 당한 사람은 평생 동안 그 기억 속에서 살아야 한다. 이것은 매우 끔찍하고 부당한 일일 뿐 아니라 당사자를 비롯하여 우리 사회 전체가 비싼 대가를 치러야 하는 일이라는 것을 알아야 한다.

왜 사랑을 주는 사람이 손해 본다고 생각할까?

스킨십을 요구했을 때, 혹은 감정적 돌봄을 요구했을 때 거절당한 아이들, 무관심과 거부가 일상이었던 아이들은 친밀함과 스킨십에 익숙지 않고 성적 욕구에 대해서도 무감각하다. 그리고 사랑과 성을 분리해서 생각하는 경우가 많다. 이들은 사랑을 순진무구한 것, 순수한 것으로 정의하는 경향이 있다.

특히 이들은 거절당할까 봐 불안한 마음이 강한데 이것은 관계의 주도권이 자기 자신이 아닌 상대방에게 있다고 여기기 때문이다. 사실 우리 사회에 이런 생각은 널리 퍼져 있다.

사랑하면 자기 마음을 잃어버릴까 봐 불안하다는 생각이 바로 그것이다. 이런 방식으로 생각하면 더 많이 사랑하는 사람이 마음을 줬을 때 만약 상대방이 그것을 받아주지 않으면 그 마음은 버려지는 것이다. 그렇게만 생각하면 사랑을 준 사람은 상처를 받고 무기력에 빠진다. 사랑을 준 사람이 피해를 입고 손해를 보게 된다는 것이다. 그런데 과연 그럴까? 마음을 주면 그것은 상대방이 맘대로 취급해도 되는 것이며 받아주지 않으면 버려지는 걸까? 이런 생각은 크나큰 착각이다. 사랑은 주고받는 것이지만 마음이라는 것은 상대방의 것이 아닌 나 자신의 것이며 버려지거나 사라지는 것이 아니다. 이들은 이런 사실을 배워야 한다. 또한 이들에게 주어진 인생의 과제는 자신의 성적 욕망을 있는 그대로 인정하고 그것을 표현하는 것이다.

이들과는 정반대로 어린 시절에 성적 감각을 강요받은 경험이 있는 사람들도 있다. 이렇게 어른들의 욕구에 이용당한 경험을 한 아이들 중 정도가 심한 경우는 성과 사랑을 완전히 분리하고 자신들의 특정한 욕구를 충족하기 위해 성을 이용하기도 한다. 그렇게 되면 성은 친밀함이나 감정과는 상관없는 그저 육체적인 기능일 뿐이다. 이렇게 생각하는 사람들에게 성행위는 함께 커피를 마시는 것과 비슷하다. 모든 인간관

| 당신의 어린 시절이 울고 있다 |

계를 성애화하는 경향도 갖고 있다. 주변에 있는 거의 모든 사람들과 섹스를 하기도 한다. 만약 이런 사람이 진짜 사랑에 빠지면 관계가 깊어질수록 오히려 성적인 쾌락을 잃게 되는 경우가 많다. 오히려 욕망은 사랑이 없어야만 불타오른다. 그렇게 되니 연인 관계를 맺을 때 자신뿐 아니라 상대방도 실망과 좌절을 겪게 된다. 이런 딜레마에서 빠져나오려면 과거의 상처를 통합하고 자기 자신을 찾아야 하며, 본래의 욕구와 사랑을 되찾아야 한다.

이들이 갖고 있는 또 다른 특징은 '성취욕'이다. 이들은 성취를 하고 효능을 발휘해야만 스스로를 가치 있다고 느낀다. 어린 시절 '어른들의 욕망을 만족시켜 줘야만 인정받았기 때문에 그냥 존재 자체만으로 사랑받을 수 있을 거라고는 생각조차 하지 못한다. 이들 중 많은 사람이 40, 50대가 되면 중년의 위기에 빠진다. 이들이 갖고 있는 생각은 다음과 같다.

- 아무도 나의 기분을 이해하거나 보지 못한다.
- 내 감정은 수용 불가능하다.
- 나는 사랑받을 만한 가치가 없고 관심을 받기 위해 투쟁해야 한다.
- 나는 마음을 열 수 없다.

- 나는 성과를 보여줘야 한다.
- 나는 인정받기 위해 열심히 일해야 한다.

　모든 인생 과제가 다 마찬가지이지만 다섯 번째 과제에 어려움을 느끼는 사람들도 특별한 자원을 갖고 있다. 이런 사람들은 생기발랄하며 사랑스럽고 열정적인 캐릭터들이다. 이들은 자신감을 발산하고 사람들과 어울리는 것을 좋아하며 주로 흥미롭고 재미있는 사람이라는 평가를 받는다. 이들은 효용 가치가 없어도, 인정받으려고 애쓰지 않아도 자신이 세상에 존재할 만한 가치가 있다는 것을 알 필요가 있으며 성과 사랑이 동반된 관계에 대해서도 알아가야 한다.

 우리가 알아야 할 것

➜ 성폭력을 당한 것은 내 탓이 아니다.
➜ 사랑과 성은 하나다.
➜ 마음을 준다고 해서 내가 손해 보는 것이 아니다.
➜ 꼭 뭔가를 성취하지 않아도 내 존재는 가치가 있다.

　| 당신의 어린 시절이 울고 있다 |

사람이 잘 바뀌지 않는 건
뇌의 구조 때문이다

상처는 치유될 수 없는 것인가?

치유는 거창한 말이다. 내 웹사이트 주소^{traumaheilung.de}에 치유
라는 말을 사용한다고 해서 종종 공격을 받기도 했다. 안타깝
게도 많은 사람들이 트라우마와 과거의 상처는 절대 치유될
수 없다고 믿고 있다. 그런데 정말 그럴까? 트라우마는 어쩔
수 없는 것이며 상처는 절대 치유될 수 없는 걸까?

여기서 우선 내가 생각하는 '치유'의 개념부터 짚고 넘어가
고 싶다. 나는 치유를 '통합'의 과정이라고 생각한다. 우리는
과거에 벌어진 이야기를 바꾸거나 지워버릴 수 없다. 과거는

그냥 있는 그대로 존재하고 있을 뿐이다. 이를테면 한 번 부러진 다리는 절대로 '안 부러졌던' 다리가 될 수 없다. 엑스레이를 찍어보면 다리가 부러졌던 흔적은 평생 남아 있다. 하지만 잘 치료하면 달리고 뛰는 데 전혀 문제가 되지 않고 오히려 부러졌던 부분이 더 단단해질 수 있다. 몸은 상처가 난 부분을 과도하게 보상하려고 하기 때문이다. 이와 마찬가지 맥락이다. 트라우마 치유라는 개념은 내가 더는 과거의 내 모습으로 규정되지 않고 다른 여러 가지 가능성을 선택할 수 있게 되는 것을 말한다. 트라우마 경험을 성공적으로 통합했을 경우 이를 '외상 후 성장'이라 부른다. 트라우마 자체는 많은 고통을 일으키지만 이렇게 다른 측면도 있는 것이다.

트라우마의 긍정적 결과

오늘날에는 인간의 저항력, 이른바 회복 탄력성(내 생각에는 자기 조절력이 좋은 것과 다름없다)이 어떻게 생겨나는지, 트라우마의 긍정적인 결과는 무엇인지 등에 대한 많은 연구가 이루어지고 있다.

예술가들의 삶을 되짚어보면 심각한 트라우마에 시달린 경우를 심심치 않게 발견할 수 있다. 창의적인 사람 중에는 자신들이 겪은 트라우마를 예술이나 취미로 승화시킨 사람들이 많다. 그렇게 생각하면 트라우마는 우리가 삶을 새로운 시선으로 바라볼 수 있게 해주는 고마운 존재이기도 하다. 트라우마 덕분에 지금 우리의 삶이 텅 비어 있고 충분히 살지 않았다는 것을 깨닫게 될 수도 있다.

강력한 트라우마 사건(쇼크 트라우마)을 겪은 사람들은 사건을 겪는 동안 임사체험과 비슷한 느낌을 받는다. 너무 괴롭기 때문에 영혼이 몸을 빠져나와 자기의 몸을 바라보고 있는 것이다. 죽고 싶다는 느낌이 들 정도로 심각한 일을 당했을 때도 마찬가지이다. 그런데 이런 상처가 우리 영혼에 걸림돌이 되기도 하지만 그 반면에 긍정적인 흔적을 남기기도 한다. 세상사에 대해서, 주변 사람들에 대해서 더 민감해지고 촉이 발달하는 것이다. 사건을 겪고 나면 편안하고 안전한 삶에서 벗어나 우리 인간이 매우 상처 받기 쉬운 존재라는 것을 느끼게 된다.

이런 자각은 우리가 어떻게 대응하느냐에 따라 약이 되기도 하고 독이 되기도 한다. 그래서 주변 사람들의 도움이 필요하다. 사람은 관계 지향적인 동물이다. 사회는 개인을 필요로 하고 개인은 사회를 필요로 한다. 그런데 우리는 이 사실을 자주 잊고 살아간다. 이것이 가져오는 생태적이고 사회적인 결과와 함께 말이다.

상처를 치유하는 것은 과거의 일들이 없어지는 것이 아니라 자각하고 새로운 행동을 마련해서 다른 나로 탈바꿈하는 것이다. 이것이 바로 성공적인 통합의 과정이다.

행동이냐 존재냐

이 책에서 나는 자신을 변화시키는 것이 생각보다 어렵지 않다는 것을 계속 이야기할 것이다. 자기 최적화는 어느새 우리 문화의 일부가 되었다. 그런데 이때 자기 존재를 느끼는 것보다 더 중요한 것이 있는데 그것은 바로 행동하는 것이다. 에리히 프롬은 '소유냐 존재냐'라고 얘기했지만 나는 '행동이냐 존재냐'가 변화의 핵심 키워드라고 본다.

사람들은 끊임없이 뭔가를 하느라 분주하다. 5분 동안 할 일이 없으면 휴대전화를 보면서 뭔가를 하려고 한다. 정적, 지루함, 아무것도 하지 않고 가만히 있는 것. 어른은 물론 아이들도 이것을 견디지 못한다. 평온이 주어지는 순간 오히려 불안을 느끼기 때문이다. 자기 조절력의 결핍은 내면의 불안으

| 당신의 어린 시절이 울고 있다 |

로 자주 나타난다.

사람들이 변화가 너무 힘들다고 말할 때 이렇게 답변하면 별로 좋아하지 않는다는 것을 잘 알고 있지만, 왜 그토록 변화에 실패했는지 알기 위해서는 다시 해야 할 말이 있다. 변화가 힘든 것은 지극히 정상이다! 우리의 행동과 성격은 매우 안정적이고 일정하다. 그리고 그러는 것이 좋다. 그렇지 않으면 우리는 다른 사람들에게 예측 불가능하고 낯선 존재가 되어 살아가기 힘들어진다. 우리 행동의 안정성은 뇌의 뉴런 결합과 몸의 행동 패턴 때문이다.

행동을 바꾸기 힘든 이유

우리 뇌가 독일의 도로 지도라고 생각하면 된다. 길이만 다를 뿐이다. 변화를 위해서는 이 도로망을 바꿔야 한다. 도로망이 그대로라면 A7 도로는 괴팅겐(내가 사는 곳)에서 함부르크까지 이어진다. 그러니까 우리가 책을 읽었다고 해서, 자신의 트라우마가 뭔지 알았다고 해서, 혹은 이렇게 하는 것이 우리의 삶에 훨씬 유익하다는 것을 깨달았다고 해서 내일 갑자기 A7 도로가 바트 칼스하펜으로 이어지는 것이 아니다. 만약 정말 바트 칼스하펜으로 가는 도로를 원한다면 우리는 그 도로를 만들기 시작해야 한다. 나무를 베어내고 땅을 평평하게 만들고 투자를 하고 다른 사람들에게 도움을 구하고 한동안 많은 시간을 들여서 몰두해야 한다. 하지만 기존에 깔려 있던 A7 도로는 여전히 존재하고 있고 지난 50년간 이용한 아름답고 익숙한 도로를 계속 이용하라고 우리를 매일 유혹한다. 바트 칼스하펜까지 가지는 않지만 함부르크까지 갈 수 있고 그동안 별다른 불만이 없었던 우리는 쉽게 그 유혹에 넘어가고 만다.

사람들 대부분은 변화가 하루아침에 일어나기를 바란다. 하지만 그런 경우는 극히 드물다. 만약 하루아침에 우리 행동에 변화가 일어난다면 그렇게 만든 결정적인 감정적 계기가 있었을 것이다. 이런 큰 변화도 대개 며칠 동안만 유지되고 또다시 예전 패턴으로 돌아간다.

그렇게 되면 많은 사람들이 실패했다며 괴로워한다. 변화에는 많은 시간과 수고가 필요하다. 매일 조금씩 지속적으로 발걸음을 떼어나갈 때 가장 잘 변화할 수 있다.

거의 눈에 띄지 않는 작은 발걸음이라 별다른 수고가 필요하지 않는 일을 꾸준히 할 때, 바로 그때 진짜 변화가 시작될 수 있다.

특히나 트라우마는 뇌에서 특별한 자리, 뇌간에 깊숙이 자

| 당신의 어린 시절이 울고 있다 |

리하고 있다. 예전의 트라우마를 떠올리게 하는 모든 기억은 반사 작용을 일으키고 이성을 배제해버린다. 트라우마 경험은 두려움과 결합되어 있기 때문에 강렬한 학습 효과를 발휘한다. 뇌는 이 고통스런 경험에서 우리가 어떻게 살아남았는지를 기억하기 위해 안간힘을 쓴다. 그러다 보니 그 상황을 반복하게 되고 이는 좌절과 고통스러운 기억의 반복으로 이어진다. 그렇다면 트라우마가 우리의 뇌에 어떻게 자리 잡고 있는지 자세히 알아보자.

뇌의 구조와 트라우마

우리 뇌는 발생학적으로 세 부분으로 이루어져 있다. 이런 구분에 논란의 여지는 있지만 여전히 유력한 가설로 통한다. 삼부 뇌 가설은 미국의 뇌 과학자인 폴 매클레인^{Paul McLean}이 만들었으며 트라우마 연구에 큰 영향을 미쳤다.

이 가설에 의하면 우리 뇌는 각각의 부분이 독립적으로 기능하고 서로 조율되지 않은 상태에서 발달한다. 이것은 우리 뇌의 각 부위가 다른 부위와는 상관없이 스스로 반응하는 능력이 있다는 뜻인데 우리의 삶과 어린 시절의 상처, 트라우마의 결과에 광범위한 영향을 미친다.

해부학상 뇌는 뇌간, 중뇌, 소뇌, 변연계, 신피질로 이루어져 있다. 이런 구조는 수억 년에 걸친 진화 과정을 통해 만들어졌는데, 뇌간은 약 5억 살로 가장 오래됐고 신피질과 대뇌피질이 10만 살로 가장 어린 부위다. 대뇌는 우반구와 좌반구로 나뉘고 두꺼운 신경 섬유 다발인 뇌들보로 연결되어 있다. 간단하게 말하면 정신적인 건강과 우리의 성격에 중요한 모든 과정은 눈 바로 뒤에 있는 아래 전두엽에서 관장한다고 말할 수 있다.

미국 신경 심리학자인 대니얼 시걸Daniel Siegel4 박사는 주먹을 쥐면서 엄지를 손으로 감싸면 뇌의 모양을 가장 간단하게 상상할 수 있는 모델을 제시했다(엄밀히 말하면 양손 주먹을 엄지가 맞대게 해야 좌반구와 우반구를 잘 볼 수 있다). 손바닥 안쪽을 자신을 향해 돌리면 뇌의 앞부분을 볼 수 있다. 손목과 손바닥으로 이어지는 부분이 모든 본능과 신체 반응을 조정하는 뇌간을 보여준다. 손가락은 대뇌피질인 셈이다. 손톱과 손가락 첫 번째 마디는 전두엽 피질이 되는 것이다. 그 밑에 있는 엄지는 감정을 담당하는 변연계를 나타낸다.

전두엽 피질에 대해서는 15년 전만 해도 거의 알려진 것이 없었는데 오늘날에는 성격을 형성하는 역할을 담당하는 것으로 보고 있다. 전두엽이 잘 발달할수록 방해 요인들에서 자유롭다. 좌반구와 우반구의 조화가 잘 이루어진 사람일수록 다른 사람들과 유대감을 느끼며 살아간다. 좌뇌와 우뇌가 얼마나 다른 기능을 하는지는 뇌 연구가 질 볼트 테일러^{Jill Bolte Taylor} 박사의 영상에서 잘 볼 수 있다. 테일러 박사는 좌뇌 부위에 뇌졸중 증상을 겪은 적이 있다.[5]

조기 경보 시스템, 뇌간

뇌간은 모든 기본적인 기능을 담당한다. 심장 박동과 호흡을 조절하고 수면과 깨는 것을 담당한다. 그 밖에 투쟁, 도피, 경직과 같은 우리의 생존 반사를 담당한다. 뉴로셉션이라는 위험을 감지하는 부분을 이용해서 뇌간은 변연계와 함께 주변을 감지하고 익숙하거나 익숙하지 않은 외부 자극을 스캔해서 위험이 감지되면 생존 반응을 일으킨다. 트라우마와 어린 시절의 상처에 대해 이해하려면 뇌간의 작동 방식을 알아야 한다. 뉴로셉션이란 뇌가 우리의 무의식 안에서 계속 우리 주위를 스캔한다는 뜻이다.

예를 들어 낯선 집에서 잠을 잘 때 이상한 소리에 갑자기 깰

때가 있는데, 이는 뉴로셉션이 하루 24시간 일주일 내내 활동하면서 우리를 보호해주는 신호다.

실제적인 위험이든 상상 속 위험이든 뇌간은 작동이 가능하다. 전혀 위험한 상황이 아니라고 해도 생존 반응을 일으킬 수도 있다. 예를 들어 미미하지만 트라우마를 불러일으키는 암시가 있는 사건이 벌어졌을 때도 생존 메커니즘이 작동한다.

특히 다중 미주 신경계의 일부인 등쪽 미주 신경이 조정하는 사태 반사는 트라우마를 겪은 사람들에게 매우 중요한 반응이다.

감정의 본부, 변연계

감정을 담당하는 변연계는 뇌간을 마치 옷단(라틴어로 림부스)처럼 감싸고 있는데 약 2억 년 전 파충류에서 포유류로 넘어갈 때 발달하여 현재의 모습이 되었다. 이런 진화적인 단계를 통해 유대감, 감정, 기억이 생겨났다. 시상하부도 변연계에 속하는데 시상하부는 호르몬 조절을 담당한다. 호르몬 시스템은 자율신경계와 함께 우리의 동기를 조정할 뿐만 아니라 유대감, 욕망 등을 담당하며 몸과 뇌를 연결해준다. 변연계의 또 다른 중요한 부분은 편도체와 해마다. 편도체는 불안과 감정 조절에 매우 중요하다. 편도체는 기억을 관장하는 해마와 밀접하게 작동한다. 만약 지속적으로 스트레스를 받게 되면 이 시스템에 부담을 줘서 장애를 불러일으키고 고통을 느끼게 된다.

통합 센터, 신피질

신피질은 가장 최근에 진화한 부위로 약 10만 년 전에 생겨났다. 이곳에서 인지, 집중, 논리, 계획과 같은 모든 복잡한 일을 관장한다. 이 뇌 부위는 출생 때 가장 덜 발달되어 있는데 이는 환경의 영향을 많이 받는다는 뜻이다.

신피질을 살펴보면 주름이 가장 눈에 띈다. 이런 주름을 통해 엄청나게 많은 뉴런 신경 회로를 수용하는 것이 가능하다. 주름 덕에 면적이 넓어지기 때문이다. 앞에서 주먹 쥔 손 모양으로 뇌의 모양을 짐작했던 것을 다시 떠올려보면 신피질의 뒷부분(손등쪽)은 세상을 인지하고 앞부분(손가락 부분)은 추상적인 부분을 담당한다고 대략 말할 수 있다. 연구에 따르면 사회생활을 하는 포유동물의 경우 안와 전두 피질(이마와 안구 뒤쪽)

이 더 강하게 발달했다고 한다. 전두 피질에는 동작성 계획에 관여하는 전운동 피질도 있다. 흥미롭게도 공감의 중요한 구성 성분으로 통하는 이른바 거울 뉴런도 여기서 발견되었다.

우리 뇌에서 가장 많이 발달한 부분은 이마 바로 뒤에 있다 (주먹 쥔 손으로 보면 엄지손톱 아래에 있는 첫 번째 손가락 마디다). 여기서 심리적인 건강을 위해 인간의 기본적인 능력이라고 할 수 있는 기능들이 대부분 통합된다. 이 부분들이 오래된 뇌 부위이고 서로 아주 가까이 자리 잡고 있으며 뇌, 몸, 감정, 이성을 통합하는 기능이 있다는 것은 시사하는 바가 크다.

이 부분은 우리가 상상 속에서 시간 여행을 떠나거나 자유에 대해 생각해볼 수 있게 만든다. 이 부분을 통해서 우리는 도덕적인 사고를 하고 우리의 생각을 관찰할 수 있는 능력을 갖출 수 있다.

전전두엽의 기능, 작업 기억력

신피질의 측면을 배외측 전전두엽이라고 하는데 이 부위는 정보를 임시로 저장하는 기능인 '작업 기억력'을 담당한다. 가령 우리가 글을 읽을 때 문장의 내용을 이해하기 위해서는 작업 기억력이 필요하다. 문장의 끝쯤에서 문장의 시작을 기억하고 있어야 하기 때문이다. 작업 기억력은 자기 조절과 순간 집중력에 달려 있다. 자기 조절을 잘하지 못하면 뭔가에 집중하지 못하고 집중하지 못하면 기억력은 떨어진다. 전전두엽 부분은 뇌의 깊은 부위에서 전하는 정보를 평가해서 다른 사람의 마음속에서 무슨 일이 일어나는지 알 수 있게 해준다. 다시 말해 다른 사람의 동기와 행동을 예측해서 그 사람과 사회적인 관계를 맺게 해준다. 이것이 바로 마음 이론^{Theory of Mind}이다. 이런 기능은 우리 자신을 인지할 뿐만 아니라 타인을 관찰하고 사회생활하는 데 매우 중요하다.

특히 중요한 것 중 하나는 모든 인간관계에서 필요한 비언어적인 힌트를 알아채는 기능이다. 심리, 인간관계 전문가들은 안정적인 애착 관계가 이 기능을 발달시키고 높은 수준의 통합을 이뤄내는 데 큰 영향을 준다고 이구동성으로 주장하고 있다. 이 뇌 부위가 잘 발달할수록 우리는 우리 자신의 몸을 느끼고 그와 동시에 주변 사람들의 마음을 잘 느낄 수 있다.

우리가 '자제력을 상실'하는 이유

가끔 우리는 원래 계획했던 것과 전혀 다른 일을 하고 자기 자신에게 짜증을 내거나 실망을 한다. 속마음은 그게 아닌데 상대방에게 상처 주는 말과 행동을 한다거나 자신이 원하는 것을 제대로 표현하지 못하는 경우가 부지기수다. 그런데 어린 시절에 큰 상처를 받아 트라우마가 있는 사람들의 경우에는 이 현상이 매우 두드러지게 나타난다. 이들은 내면에 이미 경보기를 장착하고 있어서 평온과는 거리가 멀고 사회적 교류가 원활하지 않다. 사실 우리 모두는 어느 정도 정해진 인생의 대본을 갖고 있는 것과 마찬가지이다. 절대 그렇게 말하고 행동하지 않으려고 아무리 노력해도 어느 순간 이미 그렇게 말과 행동을 하고 있는 자신을 발견하는 경우가 얼마나 많은가. 이런 정도가 심하면 좋아하는 사람이 가까이 다가와도 몸이 경직되어 전혀 마음에도 없는 소리를 던졌다가 상대에게 상처를 주기도 한다. 이런 행동들은 오래된 뇌 부위들이 우리의 말과 행동을 통제하고 있기 때문에 발생한다. 이성은 우리의 행동을 통제하지 못한다. 아니 그럴 틈조차 없다. 따라서 변화하기 위해서는 자극과 반응 사이에 시간을 주는 것이 현명하다.

뇌에게 생각할 시간 주기

오래된 뇌 부위들이 위험을 지체해서 알리면서 지휘를 맡는 것을 '상향식 통제bottom-up hijacking'라고 부른다. 우리 삶에서 가장 중요한 것은 생존이다. 복지 사회에서 사는 사람들에게는 조금 낯설게 들리겠지만 우리 몸이나 뇌는 아주 오래된 메커니즘을 따른다. 뇌간은 위험이 도사리고 있다는 '판단'이 들면 어린 뇌 부위들을 압도해버린다. 이는 오늘날에도 여전히 중요한 기능이다. 대부분의 사람들은 이 기능 덕분에 아직 살아 있는 것이다. 뭔가가 머리로 날아오는 것을 곁눈질로 보고 바로 피할 수 있는 것도 바로 이 생존 반응 때문이다. 그런데 어린 시절의 트라우마 때문에 이 생존 반응이 과활성화가 되면 위기 상황이 아닌 상황에서도 오작동하는 일이 발생한다.

적절한 반응인지 오작동인지를 판단하는 일은 쉽지 않지만 연습을 통하면 얼마든지 잘할 수 있게 된다. 우선 뇌가 자극과 반응 사이에 잠시 쉴 수 있도록 틈을 둬야 한다. 우리가 어떤 상황을 관찰자로서 바라볼 수 있는 시간이 길면 길수록 어린 뇌 부위에 있는 더 많은 요소들이 활성화할 수 있게 된다. 그리고 새로운 활성화가 더 많이 빈번하게 일어날수록 새로운 행동 패턴이 만들어질 확률도 높아진다.

우리가 어떤 상황에 대처할 때 뇌는 크게 두 가지 결정 과정을 거치는데 첫 번째는 신피질에서 정보를 인지하고 해석하는 '더 높은' 의사 결정 과정이고 두 번째는 뇌간에서 즉각적인 반응을 일으키는 '더 낮은' 의사 결정 과정이다. 후자의 경우 짧고 빠르기 때문에 인간의 생존에 몹시 중요하다. 뇌간과 변연계의 조정을 받는 이 과정은 몸이 위험을 느꼈을 때 재빠르게 지휘권을 행사한다. 그렇게 되면 '더 높은' 의사 결정을 하는 뇌 부위를 덮어버린다. 이런 상태에서는 새로운 행동 방식을 몸에 익힐 수 없다. 그러므로 우리는 대체로 이완된 상태에서만 새로운 행동 패턴을 익힐 수 있다. 심한 스트레스 상태에서는 사실상 학습 능력이 없기 때문이다.

우리는 현재가 아니라 기억에 반응한다

우리 삶에 가장 큰 영향을 미치는 것은 소위 절차적 기억이다. 여기에 우리가 아주 일찍이 무의식적으로 배운 모든 행동 방식이 저장되어 있다. 우리는 머릿속에 이미 저장되어 있는 수많은 기억으로 현재의 사건에 반응한다. 그러면서도 스스로 현재가 아니라 기억에 반응한다는 것을 자각하지 못한다.

밥을 먹거나 길을 걷거나 일을 할 때에도 우리는 절차적 기억에 따른다. 하지만 이 안에는 어린 시절에 배운 행동 패턴들이 다 녹아들어 있다. 행동 패턴은 우리가 말을 배우기 전에 경험한 것들 혹은 어렸을 때 겪은 인상적인 경험 등으로 만들어진다. 특히 어린 시절의 상호 작용은 우리 마음속에 내면화되어 다른 사람들을 어떻게 대해야 하는지에 대한 행동 기준을 정해준다. 우리 모두는 무의식적으로 이런 행동 패턴으로 살아간다. 문제는 이런 패턴 중 잘못된 것들을 인지하지 못한다는 것이다. 스스로는 현실에 대응하는 내면의 적절한 반응이라고 여길 뿐이다. 예를 들어 어떤 사람이 눈썹을 치켜들면서 나에게 강하게 모욕감을 주었다고 치자. 그러면 친한 사람이 눈썹을 치켜들면서 재미있는 농담을 던져도 나는 화들짝 놀라서 거부 반응을 일으킬 것이다. 남들이 그런 나에게 의아하다는 반응을 보여도 나는 부당한 현실에 정당하게 대응했다고 생각하는 것이다.

내 몸을
제대로 관찰하기

네 생각을 함부로 믿지 마라

이렇듯 우리 뇌는 스스로를 객관적으로 판단하지 못한다. 모든 사건은 우리가 이미 인지하고 있는 의식을 통해 해석 과정을 거치기 때문이다.

나는 'Don't believe everything you think 네 생각을 함부로 믿지 마라' 라는 글귀가 적혀 있는 스웨터를 갖고 있는데 이 말은 명언이 아닐 수 없다. 우리는 우리가 쓴 안경을 통해 세상을 보고 해석하기 때문에, 새롭거나 뭔가가 다르거나 거슬리는 정보를 놓치게 되어 있다.

가령 다른 사람의 행동에 무조건반사적으로 짜증을 내는 사람이라면, 그 행동을 하기 전에 좀 색다른 반응을 할 수 없을까를 고민하는 것이 좋다.

우리 뇌 속에 펼쳐져 있는 '오래된 고속도로'를 그냥 버릴 수는 없다. 오늘날 그것이 제 기능을 하지 못한다고 해도 과거에 존재했던 이유는 분명 있기 때문이다. 우리가 의식적으로 자신의 반응 패턴을 납득하게 되면 그것은 바로 과거의 상처에 접근할 수 있는 통로가 된다.

뇌 속 '오래된 고속도로'는 우리의 행동뿐 아니라 가치관과 신념 체계에도 영향을 준다. 예를 들어 어떤 사람은 예민한 것이 위험하다고 굳게 믿는다. 또 어떤 사람들은 자기만의 길을 가면 고독해질 것이라 믿는다.

인간이 의지력을 발휘할 수 있는 시간은
하루 15분

그렇다고 해서 자기 자신을 끊임없이 경계하고 통제하라는 말이 아니다. 그것을 삶의 목표로 삼으면 지속적으로 하향식 패턴을 따르게 된다. 하향식 패턴이란 변화를 주기 위해서 의식적으로 자신의 행동을 통제하는 것을 말한다.

이를테면 책을 몇 페이지 더 쓰고 싶어서 점심 식사를 거르기로 한 것은 하향식 결정이다. 그런데 오늘 저녁에 초콜릿을 먹지 않기로 한 하향식 결정은 지속적으로 지키기가 힘들다. 오래된 뇌 부위들이 그 결정을 방해하기 때문이다.

하향식 결정은 지속하기가 상당히 힘들고 사람마다 견디는 정도가 다르다. 인간의 하향식 활동 중 과대평가된 것 중 하나가 의지력이다. 한 연구에 따르면 우리는 하루에 약 15분간 의지력을 발휘할 수 있다고 한다. 만약 이것을 현명하게 사용해야 한다면 아침 일찍 발휘하는 것이 좋다. 그렇지 않으면 직장에서 무심코 쿠키가 담긴 접시를 지나칠 때 사용해버리는 경우가 생길 수 있기 때문이다.

삶의 기쁨과 충만함은 절대로 지속적인 인내심과 노력이 필요한 하향식 통제를 통해 만들어지지 않는다. 진정한 삶의 질은 우리의 자기 조절력이 다시 잘 작동해서 상향식bottom-up으로 이루어져야 나아질 수 있다. 이 방식의 특징은 우리가 스스로를 통제하기 위해서 거의 힘을 쓸 필요가 없다는 것이다. 새로운 행동 패턴을 몸에 익히기 위해서는 다음 네 가지를 잘 배워야 한다.

- 자신의 몸을 다시 느끼고 편안함 느끼기
- 자기 조절력 높이기
- 감정을 조절하는 것 배우기
- 관계를 맺는 능력 강화하기

이것을 잘하기 위해서 가장 중요한 것은 자기 자신의 몸을 느끼고 친숙해지는 것이다. 성적 교제를 포함한 친밀한 관계를 받아들이게 되면 자기 자신을 긍정하고 공동체에도 소속감을 느낄 수 있다. 그렇게 되면 수치심과 죄책감은 우리 삶에 없어서는 안 될 동반자 혹은 길잡이 정도로 여길 수 있게 된다. 또한 이 모든 것은 과정이지 목표 그 자체가 아니라는 점을 기억했으면 좋겠다.

입으로 발설하는 행위는 왜 중요한가

사람이 자신의 생활에 만족하고 행복감을 느끼기 위해서는 어느 정도의 자아 성찰, 자기 객관화가 필요하다. 그러기 위해서는 자신의 행동과 그것이 타인에게 미치는 영향을 있는 그대로 바라보는 관찰자적 자아가 있어야 한다. 이 자아는 자신의 삶을 메타 차원에서 바라보는 기회를 제공한다. 이것을 잘하게 되면 자신의 감정과 욕구를 제대로 알게 되고 표현할 수 있게 된다.

모든 문제는 커뮤니케이션에서 시작된다. 그것이 세상으로 나가는 근본적인 수단이기 때문이다. 신경학자들의 이론에 의하면 우리가 느끼는 감정을 언어로 잘 표현하는 것만으로도 두려움의 상당 부분이 사라진다고 한다.

〈룸펠슈틸츠헨Rumpelstilzchen, 독일 민화에 나오는 난쟁이로. 이 난쟁이의 이야기는 그림 동화로 잘 알려져 있다-옮긴이〉이라는 동화에서도 이것을 잘 보여주는데 방앗간 집 딸이 난쟁이의 이름을 알아맞히는 순간 난쟁이는 마법의 힘을 잃어버리고 만다.

우리의 생각은 그것을 입으로 발설하고 입증이 될 때 비로소 사실이 된다. 만약 하루 동안 있었던 일을 누군가에게 이야기하지 않으면 기억에 남을 가능성이 훨씬 적어진다. 입으로 자기의 생각을 이야기하는 것은 이래서 중요하다. 이것은 외부와의 대화뿐 아니라 내면의 대화에도 똑같이 적용된다. 만약 우리가 빈번하게 자신을 깎아내리는 혼잣말을 하면 삶의 질은 현저하게 떨어질 수밖에 없다.

어떻게 하면 자기 몸을 느낄 수 있을까?

그런데 생각을 제대로 표현하기 위해서는 자신을 제대로 느껴야 하고 그러려면 앞서 여러 번 이야기했지만 먼저 몸을 제대로 느껴야 한다.

삶의 실재성은 오직 육체를 통해서 재현된다. 정말 우리가 우리 몸속에 살고 있다는 것을 자각해야 한다. 정신의 세계 속에 빠져 있는 사람들은 이것을 알지 못한다. 트라우마 속에서 살아가는 사람들도 그렇다. 그들에게 몸은 고통을 담은 그릇이기 때문에 몸으로부터 자신을 해리시킨다.

사실 사람들 대부분은 자신의 몸과 별로 좋은 관계를 맺고 있지 못하다. 몸을 기능화시켜서 그냥 몸이 아무런 문제를 일으키지 않고 건강하기를 바라거나 아니면 몸을 완전히 거부해버리는 경우가 많다. 한번은 나를 찾아온 여성 내담자에게 자신의 몸을 어떻게 인지하는지 물어본 적이 있다. 내담자는 자신의 몸을 내려다보더니 이렇게 되물었다.

"제 몸뚱이 말이에요?"

그런데 이렇게 몸을 하찮게 여기면 인생의 질은 현격히 낮아진다. 우리의 몸은 이번 생에서 우리의 집이자 안식처이자 감정의 공명판이다. 이 공명판이 없으면 감정의 진동은 낮은 상태에 머물게 된다. 앞에서도 이야기했지만 몸의 감각을 건강하게 느끼는 기능을 '신체 내부 감각'이라고 부르는데 이것이 잘 발달하면 여러 가지 능력에 영향을 미친다. 그것은 아래와 같다.

- 생동감
- 내가 '옳다'는 느낌
- 감정의 깊이
- 자기 조절 능력
- 공감 능력
- 자기애
- 자기 성찰
- 긴장 해소 능력
- 이성 교제, 성에 대한 즐거움
- 놀이에 대한 즐거움

일부 독자들은 다음과 같은 생각 때문에 이 장을 건너뛰고 싶을지도 모르겠다.

'나는 이 부분은 읽을 필요가 없어. 나는 운동을 하고 건강한 식생활을 즐기고 있으며 내 몸에 대체로 만족하니까.'

그런데 여기서 말하는 '신체 내부 감각'은 운동을 하는지 여부나 날씬한지 뚱뚱한지, 잘생겼는지 못생겼는지와는 별 관련이 없다. 우리 사회에서 몸은 점점 더 기능화되고 있으며 일종의 왜곡된 명함이 되어버렸다. 하지만 '잘생겼다', '날씬하다'고 해서 자기 몸을 편안하게 느끼거나 자신을 진정으로 좋아하는 것은 아니다.

여기서 '신체 조건이 우리 삶에 미치는 영향'에 대해 자세히 다루게 되면 더 할 말이 많고 나 스스로 흥분하게 될 것이므로 자제하겠다. 그 대신 나는 이 주제에 대해 관심 있는 독자들에게 〈임브레이스Embrace〉라는 다큐멘터리 영화를 추천해 주고 싶다. 이 영화에는 몸에 대한 매우 아름답고 진솔한 이야기가 나오는데, 우리 사회가 몸에 대해 갖고 있는 고정관념들이 얼마나 사람들을 불행하게 만드는지, 예쁘든 못생겼든 상관없이 얼마나 많은 여성들이 자신의 몸을 증오하는지를 잘 보여준다.

그렇다면 '신체 내부 감각'을 제대로 기르기 위해서는 어떻게 해야 할까? 사실 많은 장애물을 뛰어넘어야 하는데 가장 큰 문제는 과거 기억의 창고에 처박혀 있던 상처를 끄집어내야 한다는 것이다. 이 과정은 아름답지도 즐겁지도 않기 때문에 많은 사람이 피하고 싶어 한다. 우리의 본능은 고통을 피하고 즐거움을 추구하기 때문이다. 하지만 시간이 흐르면서 묻어둔 고통이 더욱 강해지고 언젠가는 더 많은 고통을 받게 되는 경우가 많다. 세계에서 가장 유명한 코치 중 한 명인 토니 로빈스^{Tony Robbins}는 욕구를 충족하기 위한 방법을 세 가지로 흥미롭게 정리했다.

- 첫 번째 방법은 느낌이 좋고 나 자신에게도 좋으며 나를 둘러싸고 있는 세상에도 좋은 뭔가를 하는 것이다.
- 두 번째 방법은 느낌이 좋지 않지만 나 자신에게 좋고 주변 사람들에게도 좋은 무언가를 하는 것이다.
- 세 번째 방법은 좋은 느낌이 들지만 우리에게 좋지 않은 무언가를 하는 것이다.

안타깝게도 우리는 세 번째 방법을 가장 많이 쓰고 있다. 두 번째 방법인 '느낌이 좋지 않지만 나 자신에게 좋고 주변 사람들에게도 좋은 무언가를 하는 것'은 고통을 피하는 인간의 본능 때문에 엄청나게 힘든 일이다. 그렇지만 인내심을 갖고 이 방법을 실행하고 상처를 통합하기만 한다면 삶의 질은 월등하게 높아질 것이다. 하지만 대부분의 사람들은 이 방법을 의식적으로 자각하지 못한다. 그저 습관적으로 대응할 뿐이다.

| 당신의 어린 시절이 울고 있다 |

그렇게 되면 문제가 더욱 커져서 통증 증후군, 번아웃, 불안, 우울증, 삶의 질 저하로 이어질 수 있다.

예를 들어 어떤 사람이 어린 시절에 부모에게 "너는 그것도 제대로 못해!", "제대로 할 줄 아는 게 없구나!" 또는 그보다 더 심한 말을 일상적으로 듣고 자랐다고 치자. 아마도 그 사람은 그런 이야기를 들을 때 울음을 터트렸을지도 모르고 그러면 또 "뭘 잘했다고 울어!"라는 말을 들었을지도 모른다. 이런 슬픈 기억은 시간이 지난다고 사라지는 게 아니다. 그것은 오랫동안 그의 몸속에 축적되어 긴장을 유발한다. 이렇게 부모의 시각을 내면화해서 스스로를 무시하는 현상을 '가해자의 내면화'라고 부른다. 자신에게 고통을 준 사람을 내면화시켜서 그 사람이 했던 일을 자신이 반복하는 것이다. 신체 내부 감각을 키우기 위해서는 일단 이 현상에 대한 의식적인 자각이 가장 중요하다.

마음의 지하실을 비우는 작업

일반적으로 기억하지 못하거나 몰두하지 않은 일은 우리 삶에 아무런 영향이 없다고 생각하지만 오히려 그 반대다. 기억하지 못한 일이나 몰두하지 못했던 일도 우리 삶에 많은 영향을 미친다.

이를테면 우리 마음의 바닥에는 지하실로 통하는 문이 설치되어 있는데 그 아래에는 우리 삶의 모든 그렘린(작은 괴물로 나이가 좀 있는 독자라면 알고 있을 것이다) 즉, 트라우마, 굴욕적 경험 등등의 모든 상처가 앉아 있다. 우리는 그것들을 지하실에 꼭꼭 가두어놓고 잊어버리려고 노력한다. 하지만 그러려면 괴물들이 기어 올라와서 우리를 덮치지 않도록 계속 한 발로 문을 누르고 서 있어야 한다. 그래서 활동 반경과 자유가 제한될 수밖에 없다.

또한 해가 저물고 기운이 떨어질 때면 문이 열리는 걸 막기 위해 서 있는 것도 힘들어진다. 그러다가 이별 혹은 주변 사람들의 죽음 같은 결정적인 사건이 일어나면 에너지가 소진되어 갑자기 지하실 문이 열리면서 감추고 싶었던 과거의 그림자들이 뛰쳐나와 우리는 어찌할 바를 모르게 된다. 이렇게 되지 않으려면 미리미리 지하실을 청소해야 한다. 우리가 청소를 하는 일이 고되듯이, 이 마음의 지하실을 청소하는 일도 마찬가지이다. 게다가 그곳에 묵은 때가 많다면 더욱더 힘들고 불쾌할 것이다. 이전에 몰랐던 새로운 감정이 점점 늘어나면 분명 마음의 청소가 잘 진행되고 있다는 증거다.

| 당신의 어린 시절이 울고 있다 |

가장 좋아하는 사람에게 말하듯
내 몸에 말하다

그렇게 되려면 우리는 우리 몸과 잘 교류해야 한다. 당연한 이야기지만 우리가 우리 몸을 아무리 거부한다고 해도 몸은 어딘가로 사라지는 것이 아니다. 우리가 자신의 몸과 전쟁을 벌이게 되면 매우 고통스럽지만 절대로 이길 수 없는 싸움에 갇히게 된다. 이번 생에 나에게 주어진 몸은 바꿀 수가 없고 무덤까지 우리를 따라다닐 것이기 때문이다. 그러므로 그냥 있는 그대로 몸을 바라보고 불평하지 말아야 한다. 몸은 그냥 있는 그대로 우리의 몸이다. 그리고 내가 내 몸과 어떤 대화를 주고받고 있는지를 더 의식해야 한다. 사람들 대부분은 다른 사람에게는 절대 하지 않는 방식으로 자기 몸을 대한다. 장담하건대 절대로 타인의 몸에는 그러지 않을 것이다.

여기서 당신을 어떤 심리 실험에 초대하고 싶다. 당신이 자신의 몸과 어떤 대화를 나누는지 떠올려보자. 그러고 나서 예를 들어 당신이 그 말을 똑같이 당신의 아이에게 한다고 생각해보자. 그것도 단 한 번이 아니라 수년에 걸쳐서 그렇게 반복한다면 그 아이가 자신을 어떻게 느낄까? 그 아이는 밝고 자의식이 강한 아이로 자랄 수 있을까? 이 질문에 답이 들어 있다. 당신은 왜 자신의 아이에게는 하지 않을 말을 스스로의 몸에는 하고 있는지 생각해봐야 한다. 우리는 우리가 가장 좋아하고 믿고 따르는 친구나 연인을 대하듯 자기 자신을 대해야 한다. 그렇게만 한다면 더 충만하고 행복한 삶을 살아나갈 수 있다.

물론 이런 태도 변화는 전혀 쉽지 않다. 내면에 고착화된 행동 패턴은 오래된 것들이라 고집이 세기 때문이다. 나도 스스로에게 친절해지기까지 2~3년이 걸렸다. 나 자신을 깎아내리고 투덜거릴 때마다 나는 다른 것에 집중하려고 노력했다. 습관적으로 자신을 괴롭히는 말과 행동이 얼마나 아픈지 알게 되자 변화를 시도할 수 있었다. 또 나에게 긍정적인 말을 해주는 주변 사람들의 말을 귀담아 듣는 연습도 시작했다. 그러면서 부정적인 피드백을 하는 사람들과는 서서히 멀어졌다.

원래 우리 귀에는 칭찬보다 비판이 더 잘 들린다. 하루에 열 사람이 우리에게 좋은 말을 해주는데 저녁이 되면 우리에게 불친절한 말을 했던 한 사람의 대사만 곱씹고 있는 것이다. 친절과 애정을 있는 그대로 받아들이지 못하는 메커니즘도 과거의 상처를 되풀이하는 습관과 관련이 있다. 진정한 애정과 친절함을 느꼈을 때 오히려 과거의 상처와 결핍감을 강하게 느끼게 된다. 이것이 바로 우리가 긍정적인 것을 그토록 자주

| 당신의 어린 시절이 울고 있다 |

거부하는 이유다.

칭찬을 거부하는 습관

긍정적인 말과 친절한 대접을 받았을 때 있는 그대로 믿고 받아들이면 좋겠지만 그렇지 못한 습관을 갖고 있는 사람들은 그 상황에서 시선을 돌린다. 상대방의 말을 거부하면서 잠깐의 해리 상태가 발생한다. 칭찬이 내면에 들어오지 못하도록 애를 쓰면서 나름대로는 자신의 안정을 추구하는 것이다.

심리치료 세미나에서는 이들을 위해 '꿀 샤워'라는 요법을 쓰는데 칭찬에 익숙해지는 훈련을 하는 것이다. 참석자들은 한 사람을 가운데 두고 원으로 빙 둘러싼다. 그러고는 차례로 돌아가면서 원 안에 있는 한 사람에게 좋은 말을 들려준다. 거의 모든 사람들이 이 과정에서 오히려 더 많은 스트레스를 받기도 한다. 비판보다 다정한 말이 더 무섭기 때문인데 그러다가 언젠가는 눈물을 흘리기 시작한다. 상처와 트라우마를 치유하는 데 이 치유 요법은 특별한 역할을 한다.

나의 상태를 알려주는 강력한 사인

무리한 일을 하거나 단조로운 일을 반복할 경우 사람의 의식
은 몽롱한 상태에 빠진다. 누구나 이런 경험을 한 적이 있을
것이다. 잘 이해가 되지 않는 강의를 오랫동안 듣거나 재미없
고 지루한 영화를 보다 보면 불가피하게 의식이 몽롱해지거
나 심지어 잠들어버리기도 한다. 최면술은 이런 반복의 기술
을 사용한다.

사람들이 가장 자주 겪는 해리 증상은 정신이 몸에서 해리
되는 것이다. 많은 사람들이 신체 내부 감각 장애 때문에 자신
의 몸이 어떻게 느끼는지를 제대로 파악하지 못한다. 이런 이
유로 심신성 질병, 번아웃 증상 등의 심리적인 문제가 자주 발
생한다. 몸과 정신이 해리된 사람들은 다른 사람들이 보기에
매우 산만해서 하나의 주제에 집중하지 못하거나 멍해 보인
다. 심한 경우에는 감정이 없는 사람처럼 보이기도 한다. 이렇
게 자신의 감정을 파악하지 못하고 그것을 말로 표현하지 못
하는 것을 '감정 표현 불능증Alexithymia'이라고 한다.

그런데 이렇게 부작용도 있지만 그와 동시에 해리 현상은
인간의 중요한 생존 기능 중 하나이기도 하다. 무리한 일 혹은
도저히 이해할 수 없는 사건이 벌어졌을 때 몸과 정신을 분리

| 당신의 어린 시절이 울고 있다 |

해서 자기 자신을 지킬 수 있기 때문이다. 나와 상담한 사람들 중에서도 이런 경험을 한 사람이 상당수 있다.

정신이 육체에서 빠져나와 다른 시공간으로 들어가^{현실감 소} ^{실, Derealisation} 눈앞에서 당하는 사람과 자신을 동일시하지 못한 채^{이인증, Depersonalisation} 그저 사건을 바라보고 있는 것이다. 이렇게 일종의 감정 마비를 통해 통증, 불안, 패닉으로부터 스스로를 보호한다. 이러한 해리 현상은 현재 상태와 후유증을 미리 알리는 강력한 사인이다.

해리 현상이 가져온 잘못된 기억

어린 시절에 만성적인 스트레스에 노출된 아이들이 선택할 수 있는 유일한 도피 방법은 배 쪽 미주 신경을 활성화하는 것, 즉 부동 시스템^{경직}을 활성화하는 것이었다. 경직과 사태 반사는 부교감계와 깊은 관련이 있다. 이 스트레스 시스템이 활성화되면 어떤 사건이 불완전하게 기억 속에 저장된다. 서술할 수 있는 이야기로 저장되지 않고 표면적으로 드러나는 자전적 기억에 흔적을 남기지 않으면서도 단편적인 부분에 강한 흔적을 남긴다. 이것이 바로 어린 시절의 경험을 이해하고 처리하기 힘든 이유다. 예를 들어 사람들은 어린 시절의 사건에 대해 눈에 띄게 앞뒤가 맞지 않는 진술을 하곤 한다. 시간의 순서가 뒤죽박죽되거나 앞뒤가 맞지 않게 기억하는 사건도 부지기수다. 나에게 상담하러 온 여성 내담자가 대표적인데 그녀는 극명하게 갈리는 진술을 했다. 처음에 그녀는 자신의 어린 시절이 행복했으며 나쁜 기억은 전혀 없다고 말했다. 부모가 그녀를 매우 사랑했으며 자신을 포함한 형제자매를 위해 집을 꾸며주었다고 말이다. 그런데 나중에 알고 보니 이 기억은 파편에 불과했다. 실제로 그녀의 부모는 아이들을 자주 옆집에 감금하면서 학대를 했던 것이다. 이렇게 해리 현상은 기억을 왜곡해서 저장하는 부작용을 일으킨다.

그림자 기억이 우리를 조종한다

트라우마를 연구하는 오노 반 데어 하트Onno van der Hart 박사, 앨러트 니젠허스Ellert Nijenhuis 박사, 케이시 스틸Kathy Steele 박사는[6] 외관상 정상적인 성격 부분ANP, Apparently Normal Part과 감정적 성격 부분EP, Emotional Part의 개념을 만들었다. ANP는 일상에 필요한 것들을 기억해서 잘 일궈나가는 부분이고, EP는 감정적으

| 당신의 어린 시절이 울고 있다 |

로 부담이 되는 모든 기억과 감정들을 저장해놓는 곳인데 일반적으로 우리는 이 부분을 전혀 의식하지 못한다.

어떤 심리치료 학파는 이를 '그림자 기억'이라 표현하면서 이곳에 우리의 무의식이 저장되어 있고 원하지 않아도 가끔 우리를 조종한다고 주장한다.

ANP가 먹고 자고 싸는 일상에서 기능적인 부분을 담당하고 있다면 EP는 생존하기 위해 의식에서 밀어내버린 경험, 감정, 고통 등을 담당하고 있다. 고통스러운 일일수록 어린아이였던 우리는 스스로를 보호해야 했기에 이쪽으로 기억을 몰아넣을 수밖에 없었을 것이다. 특히나 부모가 생존권을 쥐고 있는 상태인 아이들은 가족을 떠나서는 살 수 없기 때문에 필사적이다.

EP가 ANP에서 멀어질수록 상태는 좋지 않다. 어떤 사람들은 자신의 EP를 지하실 깊숙이 감춰두고 그곳에 저장돼 있는 기억과 감정에 거의 접근할 수 없는 상태에 빠져 있다. 나에게 찾아온 내담자들 중에도 그와 같은 경우가 있었다. 그들의 그림자 기억 속에는 거의 죽어 있는 아이가 들어 있었다. 그 아이는 방치된 채로 굶어죽은 형상으로 구석에 웅크리고 있었는데 그 존재를 자각하게 된 내담자들은 동정심뿐 아니라 분노를 표출했다.

평소에 아무 문제없이 일상을 잘 살아가던 어떤 사람이 특정 상황에서 갑자기 돌변하는 경우를 본 적이 있을 것이다. 이런 경우는 어떤 사건을 계기로 EP가 주도권을 장악해서 ANP가 기능을 잃어버리는 것인데 스스로도 그 감정이 뭔지 잘 알지 못한다. 그저 그 상황이 낯설고 불쾌할 뿐이다.

그러다가 발작 현상이 지나가고 다시 ANP가 활동을 재개하면 다시 이전의 작동 모드로 되돌아간다. 이렇게 극과 극의 상황이 반복되면 삶이 힘들어지고 즐겁지가 않다. 이렇게 감정이 분리되면 나쁜 감정뿐 아니라 기쁨과 호기심 같은 좋은 감정도 분리되기 때문에 무력감에 빠지기 쉽다.

핵심은 자기 조절력

해리 현상으로 ANP가 여러 개로 분리되면 나타나는 것이 바로 '다중 인격' 또는 '해리성 정체감 장애'이다.

물론 어떤 사람이 평소에 아무 문제없이 일상생활을 잘하면 해리 상태를 겪는다거나 '다중 인격'일지라도 아무 문제가 없다고도 생각할 수 있을 것이다. 그러나 겉으로 드러나는 정상적인 부분은 큰 대가를 치르고 나온 결과일 뿐이다. 이들의 실제 생활을 들여다보면 삶에서 즐거움을 거의 느끼지 못하고 일상을 힘겹게 견뎌내고 있다고 말할 뿐이다. 몇 가지로 제한된 행동 레퍼토리를 갖고 있는 이들은 새로운 환경에 도전하고 융통성 있게 적응하는 것이 불가능하다. 한마디로 삶에 활력이 없다.

그렇다고 해서 ANP가 그 사람의 건강한 성격 부분이며 EP는 '병적인 부분'이라고 이분화해서 말할 수도 없다. 기능적인 부분만 중요하고 감정적인 부분은 무시해도 되는 게 아니기 때문이다. 가능하면 자신이 갖고 있는 여러 성격 부분을 통합하는 것이 중요하다. 통합하지 못한 상태에서 어떤 특정한 자극을 받았을 때 EP가 활성화되어 ANP를 제압하기 시작하면 그때 주변 사람들이 도저히 이해할 수 없는 행동이 드러난다. 투쟁이나 도피, 경직 상태, 포기, 분노 표출 등등 행동의 형태는 다양하다.

인간의 행동 시스템에는 낮은 등급이 있고 높은 등급이 있다. 낮은 등급의 행동은 사고력을 요하지 않는 반사 행동이나 일상적으로 자동화돼 있는 행동인데 머리를 비우는 데도 도움을 준다. 예를 들어 자전거를 탄다거나 수영을 한다거나 자동차를 운전하는 행동 등이 그런 것이다. 그 반면에 높은 등급의 행동에는 인간관계나 연봉 협상, 자신의 태도 설정 등등이 있는데 주로 지적인 사고 능력이나 성찰과 관련이 있다.

해리 상태를 겪은 사람들의 경우 높은 등급의 행동 시스템이 결핍되어 있다. 아이디어를 만들어내고 상상력을 발휘하는 능력은 뛰어난 반면 이것을 구체적인 행위로 옮기는 전략이 부족해서 어려움을 겪는다. 원칙적으로 말하면 이 행위가 늘어날수록 즉, 자기 조절력이 높을수록 해리 현상을 겪을 가능성은 낮아진다.

몸이 없으면 우리는 죽는다

자신의 몸을 지각하는 것은 심리치료의 출발이다. 지나치게 지식과 이성의 세계를 강조하는 세계에 살고 있기 때문에 모른 채 살고 있지만 우리는 몸이 없으면 죽는다는 평범한 사실을 항상 의식해야 한다. 병이 들어서 더 이상 몸이 말을 듣지 않게 되면 모든 지식이 별 의미도 소용도 없다는 것을 깨닫게 되는데, 정말 안타깝게도 건강을 회복하면 우리는 이 사실을 금방 다시 까먹는다. 몸이 그저 운동을 해서 근사하게 보이기 위한 수단이거나 움직여서 머리를 식혀주기 위해서만 존재한다고 여기던 과거로 돌아가는 것이다.

'나는 생각한다. 고로 존재한다'고 했던 데카르트의 명제가 약 300년이 지난 지금까지도 우리의 세계관에 막대한 영향을 미쳐서 뭔가 이성적으로 파악하지 않으면 안 된다는 관념을 만들어냈다.

그래서인지 대부분의 사람들은 인식이 해결책이라고 믿는다. 지적인 인지 능력만 있으면 모든 것이 달라질 수 있다고 생각하는 것이다. 하지만 안타깝게도 인식은 긴 변화의 첫 번째 발걸음일 뿐이다. 머리로 뭔가를 이해했다고 해서 행동이 갑자기 변하는 것이 아니라는 것은 누구나 알 것이다. 우리는 우리의 몸 그 자체이다. 몸을 통해 느끼고 파악하고 바꿔나가야 한다.

모든 형태의 트라우마는 항상 자기 자신과 몸을 분리하며, 다른 사람들과도 분리한다. 그렇게 함으로써 생명력 있는 삶에서 멀어지게 만든다. 또 주변 사람들과도 분리되면서 도움 받는 것을 힘들게 만들고 만다.

그러므로 몸을 버리고 사고할 수는 없다. 몸으로 감정을 느끼고, 살아 있음을 느끼고, 결속감을 느껴보자. 혀로 음식의 맛을 즐기고 좋아하는 사람의 피부에 접촉하면서 편안함을 느끼는 일. 인간관계에서 주고받는 일을 하기 위해서는 몸이 꼭 필요하다.

자신의 감정이나 느낌을 몸을 통해 잘 관찰하면 자기 자신 뿐 아니라 다른 사람들에 대한 지각도 변하게 된다. 자신만 소외되어 있다는 감정도 줄어들고 불편했던 마음도 훨씬 잦아들 수 있다.

몸이 포함된 대화

사람들 대부분은 일상 속에서 의사소통을 잘하고 있다고 생각한다. 하지만 안타깝게도 그것만이 다가 아니다. 몸이 포함된 대화를 하게 되면 이야기의 깊이가 달라진다. 관념적이고 추상적인 이야기가 아니라 어떤 생생한 경험의 공간으로 들어가 이야기를 나누면 절대 지루해질 수가 없다.

예를 들어 "나는 멍청이야" 또는 "그건 정말 신랄한 비판이었어"라는 말에는 몸이 포함되어 있지 않다. 일상 속에 이런 대화만 가득 차 있다면 아무리 그 양이 많다고 해도 자신에게 닥친 문제를 해결할 수가 없다. 마치 절대 끝나지 않는 달리기를 하는 것과 같다.

심리 상담 시 나는 몸이 포함된 대화를 나누기 위해 이런 문장으로 포문을 열곤 한다. "지금 이야기를 할 때 당신의 몸에서는 어떤 일이 일어나고 있나요?" 또는 "지금 말씀하실 때 흥곽이 경직되는 걸 느끼시나요?"

몸이 포함된 대화를 나누기 위해서는 우리의 경험을 표현할 줄 알아야 하는데, 우선 체험의 구성 요소는 다음과 같다.

- 오감
- 인식 : 우리가 뭔가를 경험하는 동안 생각하는 것
- 움직임
- 신체 감각
- 감정

내가 뭔가를 체험할 때, 그리고 그것을 표현할 때 이런 구성 요소를 떠올려본다면 더욱더 생생하게 느껴질 것이고 기억도 더 오래갈 것이다. 우리는 일상에서 많은 일을 동시에 하는 경향이 있는데 이 때문에 깊이가 줄어든다. 예를 들어 맛있는 식사를 할 때 동시에 텔레비전을 시청하면 음식의 맛, 식감, 향, 모양을 제대로 인지할 수 없어서 제대로 즐길 수 없다.

신체 감각을 다르게 해석하는 능력

우리 몸에서 무슨 일이 일어나는지에 대해 의식적으로 지각하고 표현하는 것은 트라우마를 다룰 때 가장 중요한 기반이다. 그래서 이를 집중적으로 연습하는 것이 필요하다. 그런데 문제는 트라우마를 겪은 사람들의 대부분이 자기 몸을 두려워한다는 것이다. 우리가 살아가면서 겪은 고통스러운 모든 사건이 우리 몸에 저장되어 있기 때문에 이를 해결하기 위해 자신의 몸과 깊은 교류를 시작하면 그 고통스러운 기억들이 되살아난다.

그런데 몸을 지각하는 것을 잘 배우게 되면 우리는 놀라운 것을 얻게 된다. 신체 감각을 통해 몸속 깊은 곳에 들어 있던 깊은 감정들에도 접근할 수 있게 되고 결국에는 이 감정들을 조절할 수 있게 되는 것이다. 느낌과 감정들은 신체 감각을 해석하면서 생겨난다. 만약 신체 감각을 좀 다르게 해석할 줄 알게 되면 느낌과 감정도 달라질 수 있고, 그렇게 하면 삶이 완전히 달라질 수도 있다.

예를 들어보자. 우리가 깜깜한 숲속을 거닐고 있는데 갑자기 오른쪽에서 그림자가 우리를 향해 다가오는 것이 보인다. 심장이 마구 뛰기 시작하고 손바닥이 축축해지고 가슴이 조여오고 위장이 쪼그라든다. 이런 감각의 혼합을 우리는 두려움이라고 부를 것이다. 그런데 우리가 막 사랑에 빠졌다면 우연히 그 상대와 마주칠 때도 이와 비슷한 몸의 현상을 느낄 것이다. 가슴이 조여오고 심장이 마구 뛰기 시작하고 위장이 쪼그라들고 손바닥이 축축해지는 현상 말이다. 그런데 이번에는 이 감각을 흥분, 행복, 사랑이라고 부를 것이다.

이렇듯 똑같은 신체 감각을 완전히 다르게 해석하고 평가하는 것은 가능한 일이다. 그래서 재해석한 감정이 다시 몸에 영향을 주어 훨씬 더 견디기 쉽게 만들 수 있다. 심리치료 과정에서도 감정을 재해석하는 일은 아주 중요한 요소 중 하나이다.

하지만 내 경험에 따르면 한 차원 더 깊이 파고 들어가서 감정 아래에 있는 감각을 느끼는 것이 중요하다. 이것은 신체 중심 치료 작업의 중요한 과정인데, 이것을 통해 끔찍했던 과거를 다시 재현하지 않고도 극복할 수 있다.

패트 오그던Pat Ogden, 리스벳 마처Lisbeth Marcher, 피터 레빈Peter Levine은 신체 중심 심리치료로 쇼크 트라우마의 해결책을 모색한 선구자들이다. 나는 운이 좋게도 이 심리치료사들의 방법을 모두 배울 기회가 있었는데 이들의 시각은 나의 심리치료 과정을 완전히 바꾸어놓았다.

이제 감각이 어떻게 느낌이 되는지 살펴보자. 이 중요한 과정을 대부분의 사람들은 의식하지 못하고 따라서 우리는 느낌이 그냥 '무'에서 생겨나거나 주변 환경에 대한 우리의 반응이라고 생각한다.

우리는 어떻게 느낌을 습득할까?

우리는 어렸을 때 부모를 통해 신체 감각을 어떻게 해석하는지 배운다.

대부분 아이가 울면 부모는 이를 불만으로 인지한다. 배가 고프거나 아프거나 또 무슨 문제가 있지 않나 살피게 된다. 아이 입장에서 보면 배가 고픈 것은 느낌이고 이 느낌이 들어야 자신의 의사 표현을 하게 되기 때문에 이것은 마치 지표 식물과도 같은 사인 역할을 한다. 그런데 부모가 이런 신체 감각에 무관심하거나 혹은 잘못된 해석을 하면 어떻게 될까? 지속적으로 그런 방식의 커뮤니케이션만 주고받은 그 아이는 성인이 되어서도 자신의 불편한 점을 표현하기 힘들어한다. 최악의 경우 앞서 말한 감정 표현 불능증을 겪기도 한다. 자신의 느낌과 상황을 정확히 말로 표현하지 못하는 사람들은 대개 어

| 당신의 어린 시절이 울고 있다 |

린 시절에 부모로부터 거부당하는 경험을 자주한 경우가 많다.

반복해서 말하지만 모든 감정은 몸의 감각을 해석하면서 비롯된다. 그런데 몸의 감각은 지속되면 무뎌진다는 특징이 있다. 시간이 지나면 고통도 견딜 만한 것이 되어버리는 것이다. 또한 몸의 감각은 발달하는 법이 없다. 오히려 그 반대다. 그렇기 때문에 무뎌진 신체 감각을 다시 느끼는 것은 쉬우면서도 쉽지가 않다. 있는 그대로 신체 감각을 느끼고 그에 따르는 감정을 알아채기 위해서는 시간이 필요하다.

내 몸과 가까워지는 방법

수시로 소파에 가만히 앉아서 아무것도 하지 않은 채로 몸에 어떤 감각이 나타나는지 관찰해보자. 이때 해석하거나 평가하지 말고 그냥 인지만 해야 한다. 처음에 시작할 때는 5분 동안 그저 몸을 느끼고 가만히 있는 것이 매우 힘들 수 있다. 아니면 불안하거나 내일까지 급히 처리해야 할 일 등등이 떠오를 것이다. 하지만 괜찮다. 그런 증상은 지극히 정상이다.

시간이 지날수록 가만히 자기 자신을 느끼면서 생긴 불안감도 편안해질 것이다.

자신의 신체 감각과 가까워지는 또 다른 방법은 스스로에게 "나는 왜 이렇게 생각하고 있을까?"라고 질문해보는 것이다. 우리가 기쁠 때나 무엇을 좋아하거나 어떤 사람에게 호감을 느끼거나 혹은 호감을 느끼지 못할 때 이 질문을 스스로에게 해보면 좋다. 이에 대한 답변은 상당히 흥미진진할 것이다. 사실 우리는 누군가를 또는 어떤 것을 왜 그렇게 좋아하고 싫어하는지 잘 알지 못하기 때문이다.

　즉각적으로 나오는 피드백 뒤에는 예전의 경험이 숨어 있는 경우가 많다. 그런데 대부분 우리는 경험한 대로 느끼고 그 감정을 주변에 투사한다. 이렇게 투사하지 않으려면 우리가 왜 어떤 특정한 감정을 느끼는지 의식적으로 생각해보는 것이 필요하다. 그래야만 변화할 수 있다. 기존의 신체 감각으로만 반응하고 투사를 하다 보면 내 주변에 이미 좋은 사람이 있어도 발견하지 못하는 오류를 범할 수 있다.

후천적 회복 탄력성
키우는 법

회복 탄력성은 후천적 능력

'회복 탄력성'이라는 개념은 원래 재료 연구에서 비롯되었다.[7] 어떤 재료에 압박을 가했을 때 원래의 상태로 되돌아가는 부하 용량을 나타내는 것이었다. 회복 탄력성의 심리학적 개념은 '사람의 심리적 저항력'인데 어느새 이 주제는 심리학에서 매우 중요한 연구 분야로 자리 잡고 주목받기 시작했다. 트라우마 연구에도 밀접한 관련이 있는데 전쟁에 기원을 두고 있다.

1차 세계대전이 끝난 후에 노동 능력을 상실하거나 더는 전쟁에 투입할 수도 없는 남성들의 수가 기하급수적으로 늘어났다. 그러자 어떻게 하면 남성들이 전쟁터에서 더 오래 견뎌 낼 수 있을까를 연구하기 시작했는데 이것이 회복 탄력성과 트라우마 연구의 기초가 된 것이다.

최근에 아이티와 같은 전쟁 지역 아이들(또는 제대로 기능하지 못하는 문제 가정에서 자란 아이들)을 대상으로 한 연구 결과를 보면 초기 남성들을 연구했던 결과와 일치한다.

회복 탄력성을 급격히 높여주는 가장 중요한 외적인 요인은 (특히 아이들의 경우에는) 공동체에 대한 소속감, 자기효능감에 대한 믿음, 롤 모델이었다. 문제 가정에서 자란 아이들도 만약 어딘가에서라도 이런 요소를 갖게 되면 무사히 어린 시절을 잘 넘기고 성장할 수 있다. 그리고 이런 어린 시절을 보낸 사람들은 대체로 시간이 지날수록 점점 더 잘 지낸다.

어른의 경우에는 여기에 중요한 한 가지 요인이 더 추가된다. 그것은 바로 '의미의 유무'이다. 자신에게 일어나는 일에 의미가 있다고 생각하는 사람은 그렇지 않은 사람보다 훨씬 더 어려움을 잘 견뎌낸다. 인간은 정신 활동만으로도 훌륭한 일을 해낼 수 있다. 많은 사람들은 머릿속으로 체스를 두거나 꿈꾸던 집을 지으면서 지옥 같은 전쟁 포로 생활에서도 살아남았다.

이들은 자기만의 정신세계를 만들고 유지하기 위해 최선의 노력을 다했다. 최대한 의미 있는 일에 몰두하면서 무력감을 느끼지 못했던 것이다. 회복 탄력성은 전통적인 의미의 성격적 특징이라기보다는 이런 능력의 범주에 속하는 특징이다. 그래서 후천적으로 학습할 수 있다는 근사한 면이 있다. 그러므로 우리는 태어나자마자 운명에 무작정 내던져진 게 아니다. 신경 과학자들 역시 인간의 뇌가 도전적인 일에 얼마나 다양하게 반응하는지를 관찰하면서 이를 증명해 보였다. 이것은 정말 좋은 소식이다.

흥분을 조절하는 능력

회복 탄력성 훈련은 사람의 뇌 구조를 바꾼다. 스트레스도 마찬가지다. 우리는 스스로 얼마나 스트레스를 받고 있는지 잘 모른다. 스스로는 알아차리지 못하지만 일상에서 벌어지는 사소한 사건들도 스트레스로 작용하기도 한다.

사회나 무리에서 배제되거나 거부당하면 야생에서 호랑이를 만났을 때와 똑같은 뇌 순환 작업이 일어난다. 인간의 진화 과정을 보면 잘 이해할 수 있다. 원시시대부터 인간은 무리에

소속되어 있을 때만 살아남을 수 있었다.

그런데 과거를 후회하고 미래에 불안을 느끼는 인간의 능력은 스트레스 상황이 아닐 때에도 똑같은 공격을 받는 것처럼 신경 회로를 활성화시킨다는 것이 문제다. 이 패턴을 자주 사용할수록 스트레스는 늘어난다.

회복 탄력성의 핵심은 바로 이 내적인 흥분(즉, 스트레스)을 조절하는 능력이다. 회복 탄력성이 좋은 사람일수록 스트레스 상황에서 신경 회로에 개입해서 순환을 조절한다. 이것을 다른 말로 하면 자기 조절력이다.

왜 우리는 자신을 바꿀 수 없다고 단정 지을까?

우리는 스스로가 자신의 생각과 느낌에 어떻게 영향을 주는지를 배워본 적이 없다. 대부분의 사람들은 자신에게 생각이나 느낌을 바꿀 능력이 없다고 생각한다. 그저 상황에 완전히 내맡겨진 상태라고 느낀다. 하지만 시간을 두고 계속 능력을 키우면 점점 영향을 미칠 수 있게 된다. 결국 우리는 자신이 만들어낸 '창조물'이기 때문이다.

회복 탄력성이 좋아지기 위해서는 전두엽이 강화되어야 하고 쓰지 않았거나 기능이 저하된 뇌 영역들과 지속적으로 연결되어야 한다. 특히 불안과 감정 조절을 담당하는 편도체와 연결되는 것이 핵심이다. 이렇게 되면 어떤 감정을 신속하게 알아차리면서도 그것에 사로잡히지 않게 된다.

이렇게 어떤 강력한 감정을 느껴도 빨리 벗어날 수 있는 능력만 있다면 그것이 미치는 영향력은 지극히 낮아진다. 이 논리는 수백 년 전부터 명상법에서 사용하던 것인데 심리치료 과정의 일부분이다. 이때 자신의 감정이나 느낌을 자기 자신과 동일시하지 않는 것이 중요하다.

"나의 불안, 분노, 절망, 슬픔은 내가 아니다"라는 통찰은 자신을 자유롭게 해줄 것이다.

느낌이 진실이 아닌 경우

예전에 뉴질랜드 여행 중 친구가 나에게 내가 무척 힘들어 보인다고 말한 적이 있다. 나는 사람들과 아주 잘 어울리고 대체로 '치료를 잘 받은 상태'라고 생각하고 있었기 때문에 친구의 말이 의아했다. 왜 그렇게 보이느냐고 묻자 친구는 내가 나의 느낌과 생각 모든 것을 나 자신과 동일시하고 있다고 말했다.

예를 들어 어떤 날은 여행이 지긋지긋하다며 집으로 돌아가고 싶다고 열정적으로 선언한다거나, 또 어떤 날에는 직업을 바꾸겠다고 선포했는데, 이런 모습을 보면서 기분이 안 좋을 때는 몸까지 고통스러워하는 걸 느꼈다는 것이다.

친구의 말을 듣고 보니 심리치료사인 나조차 갖고 있는 지식을 실천하는 게 얼마나 힘든지를 다시 한 번 깨닫게 되었다. 나는 평소에 내담자들에게 느낌을 감지하는 건 중요하지만 그 느낌을 필요한 경우에 조금씩 바꾸고 다시 그 느낌을 놓아버려야 한다고 설명했다. 특히 강하고 압도적인 감정에 사로잡힐 때 말이다. 그런데 그렇게 알고 있으면서도 감정이 롤러코스터처럼 요동칠 때는 까맣게 잊어버리고 만다. 이렇게 감정은 우리를 휩쓸어가려고 하는 소용돌이와 같다. 감정에 휩쓸린다고 해서 긍정적이거나 창의적인 뭔가가 생기는 것도 거의 없다. 그런데도 우리 사회는 느낌이나 감정을 중요시한다. 심리치료 과정에도 일종의 성배처럼 여기는 경우도 있다. 나의 느낌이 가장 중요한 정답이라는 식으로 말하는 것이다. 어떤 치료법에서는 느낌을 더욱 고조시켜서 강하게 표출하라고 독려하기도 한다. 그런데 이런 방식은 마치 수영 강사가 소용돌이를 극복하려면 소용돌이 속으로 들어가야 한다고 말하

| 당신의 어린 시절이 울고 있다 |

는 것과 같다. 구조 요원이라면 소용돌이에서 멀리 떨어지라고 할 텐데 말이다. 혹여 이미 소용돌이에 휩쓸려 들어갔다고 해도 오히려 힘을 빼서 다시 떠오를 수 있게 긴장을 풀라고 말해야 하지 않을까?

느낌은 그냥 느낌이고 '진실'이 아닌 경우도 많다. 또 지금 현재 일어나는 일에 대한 적절한 반응이라기보다는 과거에 대한 피드백인 경우도 많다는 걸 잊지 말아야 한다.

내가 갖고 있는 자원 활용법

자원은 우리 삶에 도움이 되는 모든 것이다. 생각만 해도 숨통이 트이는 해변의 추억일 수도 있고 통찰력을 길러주는 지식일 수도 있다. 또 자원은 우리가 일상에서 거의 인지하지 못하는 것들이기도 하다. 우리가 받은 교육, 인간관계, 일이나 돈 등 우리에게 안정감을 주는 모든 것도 자원의 종류 중 하나이다.

겉으로 보기에 많은 자원을 갖고 있는 것 같은데 정작 자신은 그렇지 않다고 느끼는 경우도 있다. 자원이 있어도 쓰지를 못한다. 몸이 이완과 내적 확장을 반복해야 자원을 활용할 수 있는 케이스이다. 이것은 무슨 뜻일까? 예를 들어 우리가 마음이 편안해지면 흉곽이 넓어지고 몸이 유연해지면서 숨을 더 깊이 쉰다. 그런데 트라우마가 강한 사람들은 몸이 경직되어 있다. 외부의 반응을 곧잘 공격으로 받아들여서 쉽게 흥분하고 긴장하기 때문에 자신이 어떤 자원을 갖고 있어도 알아보지 못한다. 그러면 아무리 좋은 자원을 갖고 있다고 해도 활용하기가 힘들어진다. 그러니 일상에서 종종 시간을 내어 숨을 깊이 들이마시고 내쉬는 작업을 하면서 행복한 순간을 떠올려보자. 이런 훈련을 습관적으로 반복하면 훨씬 더 유연해질 것이다.

내 감정을
내 마음대로 다루는 법

자기 조절과 감정 조절

우리는 감정이라는 것이 항상 외부 세계를 통해 만들어지고 자신은 그저 반응만 하는 거라고 생각한다. '생각'에 대해서도 마찬가지이다. 생각은 그냥 떠오르는 것이지 우리가 그 생각에 영향을 미치는 존재라고 여기지 않는다. 감정과 느낌뿐만 아니라 생각도 스스로 원하는 대로 만들어낼 수 있다는 생각을 하려면 더 멀리 나아가야 한다.

감정 연구는 시작한 지 얼마 되지 않았고 감정이 정확히 무엇인지에 대한 확실한 정보도 아직까지 완전히 밝혀진 것은 아니다.

내가 여기서 소개하려는 모델은 뇌 연구가인 리처드 데이비드슨Richard Davidson[8] 박사가 주장한 것이다. 데이비드슨의 이론은 대니얼 시걸이 자기 조절에 대해 말하는 것과 여러 부분에서 일치한다. 자기 조절에서 가장 중요한 과제 중 하나는 바로 감정을 조절하는 것이다. 여기서 문제는 폭풍우를 만난 배처럼 자신이 무력하게 감정에 내맡겨졌다고 생각하는지, 아니면 감정을 억제하고 조절할 수 있는 내면의 도구를 가지고 있다고 생각하는지에 달려 있다. 부정적인 감정뿐만 아니라 긍정적인 감정도 마찬가지이다. 잘 조절하지 않으면 지나친 행동으로 발전할 수 있다. 즐거움과 행복감도 흥분을 불러일으키는 것은 똑같다.

행복에서 불행을 느끼는 사람들

앞서도 이야기했지만 트라우마를 겪은 사람들은 행복한 감정에 익숙지 않기 때문에 그런 감정이 생겨도 차단하는 습관이 있다. 누구나 행복을 바라는데 왜 이런 말도 안 되는 습관이 생겼는지 의아할 것이다.

| 당신의 어린 시절이 울고 있다 |

그런데 이것은 행복한 감정이 불러일으킨 에너지와 흥분이 내적인 연상 작용을 일으키기 때문이다. 우리의 뇌는 비슷한 수준의 흥분 경험들을 비슷한 '칸'에 수납한다. 그러다 보니 즐거운 일 속에서도 끔찍한 사건을 연상할 수 있다.

이런 과정은 자신이 원하든 원하지 않든 대개 무의식적으로 일어나기 때문에 고통스럽다. 행복감을 느낄 때 우리의 몸은 확장된다. 숨을 더 많이 쉬고 가슴이 확 트인 것 같으며 더 풍부한 에너지가 흐른다. 이렇게 몸을 열면 마음도 확 열리기 때문에 좋은 느낌과 동시에 안 좋은 느낌도 함께 들어올 수 있다고 생각하면 된다. 이때 자기 조절 능력이 있다면 무서워하지 않고 좋은 감정을 걸러서 받아들이면서 더 행복해질 수 있다는 것이다.

감정은 원래 움직이는 것이다

'감정^{Emotion}'이라는 단어는 라틴어 'movere^{움직이다}'에서 유래했다. 이 단어에서도 알 수 있지만 감정이란 원래 움직이는 것이다. 사람은 본능적으로 고통은 피하고 즐거움은 추구한다. 하지만 세상일이라는 것이 다 그렇듯 좋은 것에 도달하기 위해서는 때로 좋지 않은 것을 통과해야만 하기 때문에 이런 혼돈이 생긴다. 역으로 좋다고 생각했던 것들이 우리에게 전혀 좋지 않은 경우도 있다. 맛있지만 건강에 해로운 단 음식부터 흥분과 쾌감을 주지만 과하면 삶을 피폐하게 만드는 게임이나 약물까지 그 종류는 다양하다. 이런 모순은 감정에도 존재한다. 친밀함을 원하지만 상처가 두려운 감정이 그것이다. 그러므로 즐거움을 추구하고 고통을 회피하는 우리의 본능이 삶을 위한 좋은 나침반만은 아닌 것이다. 즐거움이 고통을 주고 고통이 즐거움이 되는 모순된 상황 때문에 우리는 쉽게 방향을 잃는다.

감정은 우리를 심리적으로, 생리학적으로 움직이게 만든다. 삶의 양념이라고 할 수 있다. 우리는 기쁨, 슬픔, 분노 등을 느끼는데 이것은 온종일 왔다 갔다 하는 것이지 고정적이지 않다.

감정의 내성이 갖고 있는 창의 범위 안에서 움직인다면 사실 별문제가 아니다. 그런데 만약 이 창의 범위가 매우 좁은 사람이라면 감정에 휩쓸리게 된다.

인간의 기본 감정이 부정적인 이유

앞에서 언급한 적이 있듯이 모든 체험은 다섯 가지 요소로 이루어진다. 다시 한번 살펴보자.

- 오감
- 인식 : 우리가 뭔가를 경험하는 동안 생각하는 것
- 움직임
- 신체 감각
- 감정

이런 요소의 경험이 풍부할수록 우리는 그것을 더 강렬하게 경험하고 그만큼 우리의 기억 속에 깊이 각인된다. 오늘날 학습 관련 연구에서 밝혀졌다시피 감정이 들어가지 않은 채 학습하는 것은 거의 불가능하다.

감정은 우리 삶에서 대단히 높은 위상을 차지하고 있지만 이에 대한 과학적 연구는 얼마 되지 않았다. 감정 연구의 창시자 중 한 명인 미국의 인류학자이자 심리학자인 폴 에크만Paul Ekman 박사는 대중들에게는 '라이 투 미Lie to me'라는 시리즈물로 유명하다. 그는 감정의 의미와 표현에 관심을 기울였다. 심

리학에서는 기본 감정, 느낌, 본능을 구분한다. 그중 기본 감
정은 다음과 같다.

- 수치심
- 분노
- 불안
- 기쁨
- 놀람
- 혐오
- 슬픔

감정의 특별한 점은 빠르게 전염된다는 것이다. 단어의 의
미 그대로다. 친구들과 함께 레스토랑에 앉아 있는데 한 명이
갑자기 혐오스러운 표정을 지으며 접시를 바라보면 나도 자
연스럽게 식사를 중단하고 친구가 왜 그런 표정을 지었는지
궁금해진다.

동물이 등장하는 영상을 보면, 풀을 뜯는 얼룩말 무리에서
한 마리가 갑자기 놀라서 고개를 들면 다른 얼룩말들도 똑같이
고개를 들어 위험이 도사리는지 살펴본다. 이런 행동은 불안
이라는 감정이 전염되는 현상을 잘 보여주는데 집단 전체의

생존이 걸린 문제라 사람도 마찬가지이다. 중요한 정보를 빠르게 전달해서 공동체에 위험을 알리며 진화했기 때문이다.

기본 감정의 대부분이 불편하거나 부정적인 감정인 것도 이 때문이다. 부정적인 감정은 생존에 필수지만 긍정적인 감정은 생존을 좌우하지는 않는다. 이런 삶이 가치가 있는지 어떤지는 다른 문제지만 애초에 그 감정의 원인에 대해 생각해 볼 필요가 있다. '불안'이라는 부정적인 감정이 갖고 있는 원래 취지는 '위험으로부터 나를 보호하기 위해서'라는 점이다. 이것은 인종, 계급, 언어, 지역을 초월해서 모든 사람들이 갖고 있는 특징이기 때문에 우리가 어디에 가든 사람들의 얼굴을 보고 감정을 읽을 수 있고 이것이 소통의 기본이다.

우리가 중립적이기 힘든 건
감정의 동물이기 때문이다

감정은 우리의 기억에 막대한 영향을 미친다. 내용보다 감정만 기억하거나 어떤 사람이나 사건을 평가할 때 감정에 좌우되는 일은 기본이다. 만약 임종을 앞둔 사람에게 인생에서 가장 기억에 남는 사건이 뭐냐고 물으면 자신에게 가장 강한 감정을 남긴 사건을 이야기할 것이다. 아마도 어떤 감정의 동요도 일어나지 않는 경험은 기억조차 하지 못할 것이다. 새로운 것을 배우거나 강의를 들을 때도 마찬가지이다. 감정에 와 닿은 내용은 기억하고 그렇지 않은 많은 내용은 그저 스쳐 지나갈 뿐이다.

우리가 경험하는 모든 것은 절대 중립적인 정보로 저장되지 않고 그 사건이 심어준 감정의 색깔로 저장된다. 이것이 바로 우리가 중립적이기 힘든 이유이다. 음악으로 예를 들어보면 더욱 분명해지는데 예를 들어 우리가 첫사랑에 빠졌을 때 들었던 노래를 떠올려보자. 지금 그 노래를 듣는다면 그 당시의 느낌과 분위기가 우리 몸에서 되살아날 것이다.

느낌은 감정보다는 사회 문화적인 영향을 많이 받는다. 느낌은 일반적으로 감정보다 조금 표현이 얕다고 할 수 있는데 가령 불안이라는 감정을 느낌으로 표현하면 '무서워한다' 혹은 '염려한다' 정도이다.

어떤 사회든 그 사회만의 독특한 문화와 행동 방식을 갖고 있기 때문에 특정한 느낌을 표현하는 언어도 각각 다르다. 감정이 모든 인간의 공통된 특징이라면 느낌은 사회 문화적으로 달라진다는 차이가 있다.

본능은 현재밖에 모른다

일상생활에서 우리는 느낌과 감정이라는 단어를 구분 없이 사용하고 또 그래도 아무 문제가 없다. 그런데 트라우마 기억을 다룰 때는 감정이 너무 강해져서 우리를 압도할 수 있다는 것을 아는 것이 중요하다. 그렇게 하다 보면 본능에 지배받게 되고 사회적 규범에서 벗어나 실수할 위험도 있다는 것을 말이다. 본능은 뇌간에서 처리되기 때문에 언어에 도달하지 않는다. 본능적인 반응과 감정은 전언어적^{前言語的, 언어를 사용하기 이전부터 사용한다는 뜻}인 표현으로 나오기 때문에 그 효과와 강도를 논리적으로 설명하기는 힘들다. 본능 영역에서 일어나는 다양한 감정들을 살펴보자.

- 불안의 표현 : 공포
- 분노의 표현 : 격분
- 수치심의 표현 : 파괴
- 기쁨의 표현 : 황홀
- 슬픔의 표현 : 엄청난 불행과 한탄

물론 본능을 표현하는 방식도 문화마다, 민족마다 매우 다를 수 있다. 예전에 어떤 잡지에서 독일 영화 촬영을 터키에서 진행할 때의 일화를 읽은 적이 있다. 터키 배우들에게 슬픈 장면을 연기해달라고 요청하자, 그들은 바닥에 몸을 던지고 땅을 치면서 큰 소리로 통곡하기 시작했다. 독일인 영화감독이 당황한 것은 물론이다. 그는 그 배우들에게 의자에 앉아서 손수건으로 눈물을 닦으며 조용히 훌쩍이라는 식으로 세세한 행동을 다시 주문해야 했다.

또 본능을 불러일으키는 트라우마 사건은 머릿속 영상과도 밀접한 관련이 있다. 우리가 어떤 이미지를 보는 순간 과거의 경험이 떠올라 다시 그때 그 감정을 느끼게 되는 것이 바로 그것이다. 그래서 우리는 좋은 기억들을 소중한 보물처럼 잘 간직한다. 그 기억을 떠올리는 것만으로도 기분이 좋아지기 때문이다. 문제는 다시는 보고 싶지 않은 영상이 떠오르는 경우이다. 영상은 천 마디 말보다 더 많은 말을 한다. 본능을 관장하는 뇌간은 현재밖에 모르기 때문에 지금도 생생하게 그때 그 경험을 다시 할 수 있게 만든다. 쇼크 트라우마의 경우에는 너무 압도적인 경험이라 이성적인 제어가 불가능하다. 그러므로 그런 경험을 한 사람들에게 다시 그 사건을 떠올리게 하는 치료법은 효과적이지 않다.

신체 중심 치료법은 몸에 내장돼 있는 트라우마에서 천천히 벗어나 통합할 수 있도록 돕는다. 굳이 끔찍한 기억을 떠올리지 않아도 암묵적인 작업을 통해서 접근할 수 있다. 새로운 경험을 많이 하면서 이를 바탕으로 과거와 현재를 천천히 통합하는 것이 중요하다.

느낌으로 해석하지 말고
객관적으로 관찰해보라

본능에서 비롯된 감정은 불꽃과 같다. 오래 지속되고 유지되는 것은 아니지만 아주 뜨겁게 활활 타오른다. 그러다 보면 때때로 모든 것이 휩쓸려가고 제어하기가 힘들다.

공황 발작 시에는 이것이 아주 분명하게 드러난다. 심장이 빠르게 뛰면 이것을 두려움으로 인식하고 몸이 가능하면 빨리 멈추려고 노력을 하게 되는데 공황 발작 상태에서는 제어가 잘 안 된다. 오히려 더 큰 두려움을 느끼고 심장도 심하게 뛴다. 불안이 줄어드는 게 아니라 확대되어 결국에는 공황 발작 상태에 이른다.

이것을 중단할 수 있는 방법이 있는데 몸의 감각을 느낌으로 해석하지 않고 그냥 관찰하는 것이다. 비유를 들자면 자기 감정의 불안한 '파도' 위에서 서핑하는 법을 잘 배우는 것이다. 관찰자의 시각에서 바라볼 수만 있어도 발작의 강도가 약해진다. 충격적인 사건을 겪은 경우에도 마찬가지이다. 이때도 가장 힘든 것이 감정이다. 그래서 몸을 더 잘 느끼고 감정 아래에 있는 감각의 영역에 이르는 것을 배우는 것이 중요하다.

이를테면 감정을 소용돌이라고 생각하고 우리가 '관객'으로서 가장자리에서 그것을 관찰하고 있다고 생각하면 된다. 그러면 우리는 시간이 지나면서 감정을 점점 더 잘 조절할 수 있게 된다. 조절을 잘할수록 행동에 더 강하게 영향을 미친다. 여러 다른 사회 환경에서 움직이고 복잡한 문화에 적응하는 능력도 커진다. 그런데 그러기 위해서는 우리를 둘러싸고 있는 사회적 암시들을 해석하는 눈을 가져야 한다. 우리 사회에 존재하는 각각의 그룹이 어떻게 구성되어 있고, 그들이 어떻게 소통하는지를 파악해야 한다. 이것은 언어 습관, 신체 접촉 습관이나 사람과의 거리 같은 인간관계에서 일어나는 커뮤니케이션도 포함되어 있다.

| 당신의 어린 시절이 울고 있다 |

자기 관찰을 위한 두 가지 과제

사람이 감정에 압도되면 내면의 관찰자적 자아는 사라진다. 이렇게 되면 자신의 행동을 성찰할 수 있는 메타 영역을 더는 이용할 수 없게 된다. 너무 강한 외부 자극을 받게 되면 누구나 이렇게 될 수 있다. 이때 자기 자신을 관찰하는 것이 첫 번째 학습 과제이다. 즉, 내면의 관찰자적 자아가 살아 있도록 하는 것이다. 그렇지 않으면 그 어떤 변화도 불가능하다.

두 번째 과제는 나의 행동이 주변 사람들에게 어떤 영향을 미치는지를 아는 것이다. 이때 그냥 알기만 하고 넘어가는 것이 아니라 몸으로 느껴야 한다! 그렇지 않으면 행동을 바꾸기는 쉽지 않다. 대부분의 사람들은 자신의 행동이 누군가에게 상처를 줄 수 있다는 것을 잘 알지 못한다. 바로 앞에서 대면하거나 몸으로 느끼는 작업이 있어야 비로소 조금이라도 알게 된다. 그러므로 나의 행동이 어떤 영향을 미치는지 제대로 알기 위해서는 직접 눈으로 확인하고 몸으로 느끼는 작업을 하기 위해서 노력해보자. 그래야 조금이라도 더 쉽게 변할 수 있다.

어린 시절의 상처를 극복하기 위해서 꼭 어떤 일이 있었는지를 자세히 알아야 하는 것은 아니다. 더 중요한 것은 '현재'

내가 무엇을 느끼는지, 나의 앞길을 방해하고 있는 것이 무엇인지를 잘 아는 것이다. 이런 정보만 꿰뚫고 있어도 변화를 시작할 수 있다.

내 감정의 뿌리들

나의 감정과 느낌에는 언제나 뿌리가 있다. 언제나 지금 현재 상황에 대한 감정이나 느낌인 것은 아니라는 말이다.

조금 더 자세히 설명하자면 이렇다. 어렸을 때 당신의 부모가 당신에게 자주 소리를 질렀다고 상상해보자. 너무나 두렵고 끔찍한 나머지 당신은 최대한 부모의 눈에 띄지 않으려고 노력했거나 웬만하면 그 공간에서 벗어나려고 노력했다. 어른이 된 지금 당신은 화가 나면 큰 소리를 내는 사람과 사귀고 있다. 그 사람이 화를 낼 때면 당신은 도망치고 싶은 느낌에 사로잡힐 것이다. 그러면 상대방은 그 느낌을 알아챌 것이고 당신이 자신을 거부한다고 느끼게 된다. 이러니 장기적으로 보면 관계에 문제가 생겨난다.

이렇듯 우리의 행동 방식은 자신을 보호하기 위해서이지만 그 뿌리가 뭔지를 아는 것은 인간관계에 도움이 된다. 우리의

| 당신의 어린 시절이 울고 있다 |

몸, 기억력, 성격 등은 태어날 때부터 주어진 원래 가족에게 가장 잘 적응할 수 있도록 최적화된 것인데, 성인이 된 이후에는 맞지 않는 것들도 많다. 많은 사람들이 이것을 알고 있으면서도 변화하지는 못한다. 과거의 행동 패턴에서 벗어나는 새로운 경험들을 일부러 많이 해야만 가능한 일이다. 그러므로 과거의 방식을 '금지'하는 것은 별로 의미가 없다. 새로운 말과 행동 방식을 개발해서 반복하고 결국은 나의 것으로 만드는 것이 중요하다. 이것이 점점 쌓여갈 때 다른 나로 바뀌나갈 수 있다. 그리고 그러기 위해서는 자기 자신에게 관대해지는 것이 중요하다. 여러 번 강조하지만 자신의 행동 패턴이 하루아침에 바뀔 수 있을 거라고 기대해서는 안 된다.

좋은 일을 의식적으로 뇌에 저장하기

우리의 뇌는 하루 중 대부분의 시간을 잠을 자면서 보낸다. 감정이 실린 어떤 사건이 일어나면 그때서야 뇌가 깨어난다. 하지만 하루 중 대부분의 시간은 가수면 상태로 보낸다. 여기서 '가수면'이란 지금 하고 있는 일에 의식적으로 완전히 집중되지 않은 상태를 말한다.

이런 상태에서는 현재의 생각과 (신체) 느낌 사이에 의식적인 연결이 되어 있지 않다. 뇌는 이를테면 절전 모드 상태에서 익숙한 패턴대로 그냥 움직이는 것이다.

이것은 진화의 메커니즘이기도 하다. 과거에는 뇌를 완전 가동하는 데 필요한 칼로리를 오늘날만큼 충당할 수 없었기 때문이다. 또한 이런 '절전 모드' 기능은 뇌가 다른 곳에 주의력을 쓸 수 있도록 해준다.

그런데 이 기능은 인간이 행동을 바꾸는 게 왜 그렇게 힘든지를 설명해준다. 인간이 만들어놓은 관습, 원칙, 제도 등등 모든 것이 그렇지만 우리의 몸도 오래된 것에 강하게 지배받는다. 어린 시절에 겪은 좋지 않은 짧은 경험이 평생을 따라다니는 것도 이 때문이다. 비록 오랫동안 그와 같은 나쁜 경험을 하지 않는다 해도 오래된 상처에서 파생한 고정관념이나 행동 패턴은 계속 유지된다. 이것은 수많은 긍정적인 경험을 '절전 모드' 상태에서 처리했기 때문이다. 그러므로 내 몸에 익숙해진 패턴을 바꾸려면 좋은 일이 생겼을 때 이를 의식적으로 기억하고 뇌에 저장해야 한다.

대니얼 시걸은 『마음의 발달The Developing Mind』이라는 책에서 우리가 행동 패턴을 바꾸기 위해서는 의식적으로 약 300가지의 새로운 경험을 해야 한다고 주장한다. 그에 비해 안 좋은 일은 단 한 가지만 경험해도 과거의 행동 패턴을 정당화하는 강력한 요인이 된다는 것이다. 사실 엄밀히 따지고 보면 우리 모두에게 긍정적인 경험은 일상적인 것이다. 그리고 그렇기 때문에 의식적으로 뇌에 저장하지 않기도 한다. 날마다 내가 하는 긍정적인 경험을 의식적으로 느끼고 뇌에 저장하는 연습을 하자. 반복해서 연습하는 것은 긍정적이고 새로운 나를 만드는 데 큰 역할을 할 것이다.

감정의 미끄럼틀

그렇다면 의식적으로 살아간다는 건 뭘까? 있는 그대로 설명하자면 자기 자신을 잘 관찰하면서 살자는 것이다. 많은 신경과학자들은 의식적으로 노력하는 것만으로도 뇌가 변한다고 말한다. 만약 강렬한 감정에 휩쓸리면 관찰자의 입장을 유지하는 것이 불가능해지고 의식적으로 뇌에 기록할 기회도 사라지고 말 것이다. 나는 이 현상을 곧잘 미끄럼틀과 비교하곤 한다. 사다리를 타고 올라가고 있거나 맨 꼭대기에 서 있을 경우에는 자신의 모습을 잘 관찰할 수 있다. 하지만 미끄럼틀을 타고 내려오는 도중에는 자기 자신에 대해 생각할 겨를이 없다. 그렇게 되면 모든 일이 다 벌어지고 나서 '아 원래 그런 말을 하려고 한 게 아닌데!' 하고 후회하게 된다. 인간관계에서 벌어지는 소모적인 감정싸움이나 말싸움이 바로 이런 감정의 미끄럼틀에 해당된다. 우리는 이 과정에서 절대 말할 생각이 없었던 대사를 내뱉는 자기 자신을 발견하곤 한다.

수치심을 없애는 처방제,
스킨십

트라우마가 낳은 쌍둥이, 수치심과 죄책감

트라우마가 강한 사람들에게 가장 강력한 감정이 뭘까? 그것
은 바로 수치심이다. 누구나 수치심을 갖고 있지만 이것이 독
성 수치심^{toxic shame}으로 발전할 때는 큰 문제가 된다. 수치심
과 더불어 죄책감이라는 감정이 있는데 이 두 가지는 트라우
마가 만든 쌍둥이 형제라고 말할 수 있다. 이 두 개념은 동일
하게 사용되기도 하는데 수치심의 경우 최악에는 '나는 사랑
받을 자격이 없다'고 느끼고 종국에는 "나는 뭔가 잘못됐어"
로까지 발전한다. 그에 비해 죄책감은 나 자신만의 문제가 아

니라 다른 사람과 관련된 감정이다. 우리는 "나는 왜 이러지. 뭔가 잘못됐나 봐"라고 하면서 다른 사람에게 죄책감을 느낀다. 이렇듯 죄책감을 느끼는 것은 도덕관념과 공감 능력이 밀접하게 연결되어 있다. 그런 특징 때문에 죄책감은 지울 수 있는 감정이기도 하다. 어쩌면 모든 일이 다 끝나고 나서 자신을 제대로 되돌아볼 때 비로소 생겨나는 감정이기도 하다. 나의 지도자 중 한 명이었던 보디내믹 인스티튜트^{Bodynamic Institute}의 에릭 잘네스^{Eric Jarlnaes}는 이를 아주 적절하게 표현했다.

"죄책감은 우리가 오늘날의 지식으로 과거를 되돌아볼 때 생긴다."

죄책감을 느낄 수 있는 능력은 비교적 늦게 발달하는데, 사춘기와 청소년기가 되어야 비로소 뚜렷하게 나타난다. 이 시기가 되기 전에는 규칙을 어겼다는 것을 알아도 죄책감을 느끼지는 않는다. 그에 비해 수치심은 생후 14개월 정도부터 느끼기 시작한다. 일반적으로 생후 1년 된 신생아와 하는 커뮤니케이션의 90%는 긍정적이다. 비교적 안정적인 가정에서는 아이를 많이 안아주고 지속적으로 긍정적인 말을 들려준다. 심지어 아이가 트림만 해도 부모는 감격한다. 그러다가 생후 11개월과 17개월 사이에 급격한 변화가 일어난다. 한 연구에 따르면 부모들은 이 시기에 평균적으로 9분마다 아이에게 금지 혹은 야단치는 말을 한다고 한다. 이 시기에 아이들은 깨어 있는 동안 끊임없이 주변을 탐색하려 들기 때문이다.

성장 과정에서 수치심은
어떻게 형성되는가?

수치심의 역학과 작용을 이해하기 위해 잠깐 아이의 발달을 살펴보자. 이미 우리가 알다시피 아기들은 아직 완성되지 않은 신경계를 가지고 세상에 태어나고 생후 1년 동안은 양육자가 아이의 흥분 상태를 적절히 조절한다. 양육자는 자극과 이완을 반복하면서 교감 신경과 부교감 신경을 적절히 자극하여 아이가 흥분 상태에서도 편안함을 느낄 수 있도록 해준다. 이때 아이는 재미와 호기심을 느끼게 되고, 시간이 지나면서 점점 더 많은 흥분이 생겼을 때 이를 조절하는 법을 배운다. 지나치게 흥분할 때면 양육자가 다시 편안한 상태로 가라앉을 수 있도록 도와준다. 이때 두 사람 사이의 커뮤니케이션은 주로 눈빛, 스킨십, 음성 언어 등을 통해 이루어지는데 이를 '우반구적 상호 작용'이라고 부르기도 한다.

만 두 살이 되면 아이는 양육자의 태도가 갑자기 변했다는 것을 느끼게 된다. 이 시기에 아이는 독립적으로 주변을 탐색하고 물건을 발견하고 흥분하고 즐거움을 느끼는데 양육자는 이런 아이의 행동을 지지하기는커녕 제지하기 때문이다.

예를 들어 자기 힘으로 식탁보를 잡아당길 수 있다는 것을 알게 된 아이는 행동 이후 뿌듯한 얼굴로 양육자를 바라보며 긍정적인 반응을 기대하지만 곧 거부, 화, 심한 경우에는 혐오, 경멸을 드러내는 얼굴과 맞닥트리게 된다. 그 순간에 아이는 양육자에게 위협을 느낀다.

전혀 예상치 못한 반응에 아이는 내적으로 흥분 상태에 이르고 수렁에 빠지는 기분을 느낀다. 교감 신경을 통해 기쁨과 호기심을 느꼈던 아이는 부교감 신경의 반격을 맞고 모든 탐색 행동을 중단하면서 의기소침해진다. 이 경험은 수치심과 자연스럽게 연결된다. 이때 느끼는 수치심은 혼자 극복할 수 있는 성질의 것이 아니다. 양육자가 가능한 한 빨리 아이가 이런 상태에서 빠져나올 수 있도록 도와줘야 한다. 대부분의 경우 아이는 다시 애착 감정을 느끼고 싶어서 양육자와 눈을 맞추며 안아달라고 팔을 뻗는다. 스킨십을 통해 다시 관계를 회복하면 아이는 다시 편안한 상태로 돌아갈 수 있다. 이렇듯 수치심은 다른 모든 감정을 파괴할 정도로 매우 강력한 감정이다.

수치심의 긍정적인 면

정신과 의사이자 뇌 연구자인 앨런 쇼어^{Allan Schore} 교수는 수치심이 기본적인 사회적 욕구이며 아이의 사회화에 기여한다고 말한다. 아이가 만 2세가 되면 양육자의 역할은 '사회화 중재자'로 바뀌는데 이때 아이는 감정과 충동을 자제하고 바람직하지 않은 행동을 해서는 안 된다는 것을 학습하게 된다. 이런 자기 조절은 수치심과 관계의 상호 작용을 통해 이루어진다. 갈등 관계에서 나오는 스트레스가 아이를 더 성숙하게 만드는 것이다. 아이는 각각의 상황에 맞게 자신을 조절하는 능력을 키우게 된다(물론 여기서의 스트레스는 일정한 범위를 넘지 않는 경우에만 유효하다).

그러므로 수치심이라는 감정은 우리 감정 목록에서 삭제해야 할 것이 아니다. 오히려 수치심을 전혀 느끼지 않는다면 개인이든 사회든 더 큰 문제가 생겨날 것이다.

아이의 발달 과정에서도 수치심은 의미 있는 역할을 한다. 우선 바람직하지 않은 행동을 조절하면서 자아를 형성하기 시작한다. 그러면서 지속적으로 무리에 어울릴 수 있도록 자신을 사회화한다. 자신의 감정과 행동을 조절하면서 아이는 인생 최초로 자신뿐 아니라 다른 사람들도 중요하다는 것을 배우게 된다. 이 단계를 통해 유아적인 자아 중심성이 줄어든다. 흥미로운 것은 이 단계에 엄청난 속도로 뇌의 성숙이 이루어지는데 특히 전두엽과 변연계가 발달한다는 것이다.

독성 수치심은
평생 지속되는 트라우마를 남긴다

그런데 여기서 잊지 말아야 할 한 가지는 아이에게 수치심은 필수적이지만 독성일 경우 심한 트라우마를 남길 수 있으므로 그 강도와 지속 시간을 반드시 제한해야 한다는 것이다. 독성 수치심을 느낀 아이가 다시 양육자에게 애착을 요구했을 때는 반드시 들어주어야 한다. 그래야 과잉 흥분 상태 혹은 과잉 이완 상태에서 벗어날 수 있다. 그러면 아이는 회복 메커니즘을 경험하면서 스트레스를 받아도 해결할 수 있다는 것을 몸으로 체득한다. 이것은 수치심을 극복하는 방법을 배우는 것으로 장기적으로 보면 스트레스에 대한 저항력, 회복 탄력성과도 관계가 있다.

만약 양육자가 수치심을 조절해주지 못하면 자아가 성숙하는 것이 아니라 오히려 퇴보한다. 이때 생겨나는 것이 독성 수치심인데 이것이 많을수록 감정을 조절하는 능력이 떨어지고 잘못하면 인격 장애로까지 발전할 수도 있다. 만성적으로 수치심을 느낀다고 말하는 사람이 있다면 이는 독성 수치심을 말하는 것이다.

앞에서도 말했지만 수치심과 독성 수치심은 다르다. 수치심은 즐거움에 들뜬 아이가 양육자를 바라봤는데 전혀 칭찬받지 못할 때 발생한다. 그에 비해 독성 수치심은 양육자가 분노와 경멸의 눈빛으로 아이를 바라보고, 그 이후에도 관계 회복을 위해서 전혀 노력하지 않을 때 발생한다. 이렇게 되면 아이는 스스로를 부끄러워하는 자아상을 갖게 되고 장기적으로 보면 스스로를 고립 상태에 몰아넣는다.[9]

일상적으로 자신의 욕구를 부정하거나 인간관계를 포기하는 사람, 자신의 감정을 잘 조절하지 못하는 사람이라면 어린 시절의 경험을 되돌아볼 필요가 있다. 수치심과 굴욕감은 말뿐이 아니라 눈빛이나 몸짓 언어 같은 신호를 통해 아이에게 전달된다.

가장 친절한 사람에게 상처를 주는 아이러니

또 독성 수치심은 양육자의 혹독한 거울 반응 때문에 나타나는데 평생을 지배하게 된다. 여기에 지배받는 사람은 자신이 가치가 없고 환영받지 못한 존재라는 느낌에 갇힌 채 살아간다. 여기서 빠져나오려면 역시나 긍정적인 경험을 늘려야 한다. 사람들이 친절과 호의를 베풀 때 이를 잘 받아들일 줄 알아야 한다. 독성 수치심이 내재화된 사람들의 치명적인 단점이 바로 자신에게 친절한 사람에게 상처를 준다는 것이다. 이들은 좋은 말을 해줘도 곧이곧대로 듣지 않고 부정적으로 해석한다. '나는 가치 없는 사람이야', '나는 쓸모없는 쓰레기야'라는 생각은 모든 좋은 경험을 거부하고 주변 사람들이 다가오지 못하게 만든다. 그러다 보면 그 생각의 굴레에서 벗어나지 못하는 악순환이 반복되기 때문에 인간관계에 치명적이다.

약점을 보여주는 용기

누구나 상처 받지 않기 위해서 친밀한 관계를 거부해본 적이 있을 것이다. 사람마다 정도의 차이가 있을 뿐이다. 그런데 이런 행동 때문에 막대한 대가를 치르는 사람도 분명 존재한다.

친밀한 관계를 거부함으로써 기쁨이나 행복 같은 감정에서도 멀어질 수 있기 때문이다. 인간은 본능적으로 결속감, 소속감에서 안정감과 행복을 느끼는데 상처가 두려워 이를 완전히 포기해버리면 한 번도 이것을 느껴보지도 못한 채 생이 끝나버릴 수도 있다. 때로는 사랑하는 사람이 생겨도 그 사람이 떠날까 봐, 혹은 그 사람에게 상처 받을까 봐 미리 떠나는 경우도 있다. 이것은 정말이지 슬픈 일이다. 관계를 포기하면 상처 받지 않는 대신에 마음이 감동받는 일도 없어지기 때문이다. 이렇듯 두려움과 수치심은 우리의 행복과 잠재력을 가로막는 방해 요인이다. 브렌 브라운^{Brené Brown} 박사는 수치심과 수치심의 의미에 대해 아주 탁월한 강연을 하고 책을 집필했다.[10] 그는 완벽하지 않은 자신의 모습을 그대로 드러내야 진짜 자신의 모습과 만날 수 있다고 말했다. 물론 이것은 쉽지 않다. 안타깝게도 우리 사회는 강인한 사람을 좋아하기 때문이다. 나약한 사람은 동정의 대상 혹은 혐오의 대상이 될 뿐이다. 이런 이유 때문에 사람들은 스스로 약점을 드러내거나 상처를 보여주고 싶어 하지 않는다.

영국의 인기 걸그룹 리틀 믹스^{Little Mix}가 부른 「Cannonball」이라는 곡에 "So come on courage, teach me to be shy^{그러니 제}

발 용기여, 부끄러워하는 법을 알려줘"라는 가사가 있다. 이 노래 가사처럼 우리가 스스로 연약한 존재라는 것을 타인에게 내보이려면 용기가 필요한 것인지도 모르겠다.

상처 받지 않는 것은 터미네이터밖에 없다

만약 마음을 닫고 더 상처 받지 않기로 결심했다면 행동은 어느새 패턴이 되어버린다. 의식적으로 어떤 행동을 하려고 하는 것이 아니라 몸 자체에 그 행동이 각인되어 삶의 패턴, 생존 패턴이 되어버리는 것이다. 다시는 고통을 느끼고 싶지 않아서 이렇게 되는 것이지만 여기서 다시 생각해봐야 할 것이 있다. 이 세상에 상처 받지 않는 사람은 없다는 사실이다. 사랑, 기쁨, 호기심, 결속감 등등의 감정도 없고 상처도 받지 않는 것은 영화 〈터미네이터〉에 나오는 기계들밖에 없다. 이 영화에서조차 기계가 인간적인 모습을 띠며 공동체를 위해 자기 자신을 희생하면서 약점을 드러낼 때 비로소 감동을 안겨준다.

이렇듯 약점, 취약성은 우리의 마음을 건드린다. 인간성이 바로 취약성이기도 하기 때문이다. 그런데 이렇게 약점을 드러내는 용기를 가지려면 내 안에 강인함도 겸비해야 한다. 나

역시 이를 받아들이고 실천하기까지 10년 넘게 걸렸다. 취약성을 내보이면서도 강인한 사람. 이 두 가지를 한꺼번에 가질 수 있는지 나로서는 감을 잡기 매우 힘들었다.

강인함과 나약함이 공존하는 사람을 찾아라

여기서 고백하자면 어린 시절 아버지는 나를 거리의 아이처럼 키웠다. 내가 다섯 살이 되었을 때 그는 나를 프랑크푸르트에 있는 홍등가에 데리고 간 적이 있다. 아버지는 누가 포주이고 누가 매춘부인지, 누가 마약을 파는지 알려주었다. 내가 울면 아버지는 나를 가차 없이 때렸다. '이 세상은 이렇게 위험한 곳이니 너는 스스로 방어하는 법을 배워야 해'라는 메시지를 받으며 자라난 것이다. 약하고 의존적인 모습을 보이면 혼났기 때문에 나는 14살 때부터 격투기를 시작했다.

다행히도 나는 비교적 일찍 그렇게 살면 주변 사람들이 다가오지 못하게 할뿐더러 행복하지 않다는 것을 깨달았다. 단절감과 고립감 속에서 엄청난 그리움을 갖고 있던 나는 몸이 아팠고 그래서 그리운 뭔가를 찾아 나서기로 결심했다.

그리고 어떤 순간 강인함과 나약함이 공존하는 사람을 알게 되면서 인생이 변하기 시작했다. 나는 그 사람을 찬찬히 관찰하기 시작했다. 관찰하고 또 관찰했다. 처음에는 그냥 실수를 잡아내려고 애썼던 것 같다. 내 눈에 보이는 것이 믿어지지 않았기 때문일 것이다. 하지만 점점 나는 나약함을 드러내는 것이 삶을 더 다채롭고 아름답게 만들 수 있다는 것을 알게 되었다. 무엇보다 나약함을 드러낼 때 사람들이 내 곁에 있어 준다는 걸 체감했다. 그 이후 나는 사람들이 나에게 다가올 수 있도록 마음을 열었다.

그러니까 우리는 선택해야 한다. 기쁨과 감동, 생동성과 나약함과 상처가 공존하는 삶. 혹은 어떤 문제도 없이 똑같이 흘러가는 삶, 그리고 그럼에도 아픈 삶. 모든 문제가 그렇지만 용기를 내어 첫 번째 발걸음을 내디딜 때, 새로운 삶이 시작된다. 나 역시 마찬가지였고 이 길의 끝에 무엇이 있을지는 알 수 없지만 지금 이 길이 가치 있다는 것을 알고 있다.

내 마음은 나의 것

우리는 일상적으로 "나는 너에게 내 마음을 줬어" 혹은 "나는 마음을 빼앗겼어"라는 표현을 쓴다. 이것은 내 마음을 내 마

| 당신의 어린 시절이 울고 있다 |

음대로 하기 힘들다는 뜻이 내포돼 있는데 연애 감정과 관련해서는 특히 '마음'이 소유의 개념으로 쓰이고 있다. 그런데 그렇게 따지면 마음을 준 상대가 나에게 관심이 없거나 나에게 이별을 통보할 경우 나는 마음이 없이 덩그러니 몸만 남겨지게 된다. 만약 진짜 그렇다면 얼마나 끔찍할까? 수많은 영화와 드라마에서 잘못 만들어낸 마음에 대한 이미지가 우리에게 잘못된 생각을 심어주었다. 사랑은 내가 하는 것이며 내 마음은 나의 것이다. 만약 상대가 내 곁을 떠난다고 해도 사랑하는 마음은 내 몸에 머무는 것이다. 이렇게 다시 사고해보면 헤어진 연인이나 배우자를 저주하거나 비난을 퍼부을 이유가 없어진다.

좋아하지 않아도 사랑할 수 있다

어렸을 때 학대를 당한 사람들은 자신의 부모를 사랑해서는 안 된다고 느낀다. 나는 이런 내담자들에게 부모를 사랑할 만큼 내가 강해졌다는 것을 자랑스러워해도 된다고 설명한다. 재미있는 것은 어떤 사람을 정말 좋아하지 않고 그 사람의 행동이 마음에 들지 않아도 사랑할 수 있다는 것이다. 끔찍한 사람에게 연정을 품을 수 있다는 것은 내면이 강하다는 방증이다.

빅터 프랭클 같은 유대인 수용소 수감자가 끔찍한 인간 멸시의 상황에서 자신의 인간성을 구하고 유지했던 것을 떠올려보자. 폭력을 휘두르거나 성적 학대를 하는 부모 밑에서 자란 사람들도 이와 비슷한 상황에 처해 있는 것과 마찬가지이다. 이들에게도 '내 마음은 나의 것'이라는 생각이 필요하다. 사실 부모 자식 간의 관계는 매우 어려운 주제이다. 기독교 문화권에서는 '네 부모를 공경하라'는 계명에 강하게 영향받았고 이 역사가 매우 길기 때문에 자기 자신에게 충성하는 것이 낯설 수밖에 없다. 우리는 많은 대가를 치르면서도 종종 부모와의 관계 때문에 나 자신과의 관계를 포기하기도 한다.

그런데 좋아하지 않아도 충분히 사랑할 수 있다고 생각하면 훨씬 마음이 편해진다. 얼핏 보기에는 역설적으로 보이지만 잘 생각해보자. 부모는 우리가 선택한 사람들이 아니다. 성인이 된 나의 입장에서 타인이라고 가정하고 부모를 한번 바라보자. 거리를 두고 관찰해보면 더욱 명확해지는데 지금 새로 만난 사람이라면 별로 호감이 가지 않거나 심지어는 싫어할 수도 있다. 어쩌면 그것이 너무나 당연한 것이다. 그러므로 사랑과 호불호는 별개의 감정이라고 생각하면 된다. 이런 생각의 지각 변동을 거치지 않으면 어린 시절에 받지 못한 사랑을 부모에게 갈구하고 실망하고 미워하는 일을 죽을 때까지 반복하면서 나 자신을 괴롭히게 된다. 내가 행복해지기 위해서 친절하지 못했던 부모를 반드시 용서해야 하는 것도 아니다. 또한 내가 유쾌하지 않으면 부모와의 관계를 유지하지 않아도 된다. '부모와 좋은 사이를 유지해야 한다'는 사회적 법칙에 구애받지 말라는 말이다.

살아 있다는 것은 관계를 느끼는 것

가장 중요한 것은 사람에게 관계가 필요하다는 것을 인정하자는 것이다. 살아 있다는 것은 관계를 느끼는 것이다. 아무리 잘난 사람도 사랑하고 사랑받는 존재임을 느끼지 못하면 삶의 의미를 잃고 만다. 만약 인간에게 질렸다면 우선 동물을 사랑해보자. 그럴 수가 없다면 식물이나 정원을 사랑해보자. 그것도 안 된다면 책을 사랑해보자. 그 대상이 무엇이 됐든 내 안에 있는 사랑이라는 감정을 느끼는 것이 중요하다.

지금 내 모습이 싫어서 변하고 싶은 사람에게는 더더욱 관계가 필요하다. 수많은 치유 과정을 지켜본 결과 변화는 '관계'를 계기로 시작되고, 만약 이것이 깨지면 심리치료 효과도 사라지는 것을 목격했다. 관계는 말로 나누는 커뮤니케이션이 아니어도 전혀 상관이 없다. 그냥 바라봐주고 눈빛으로 지지하고 느낄 수만 있어도 관계는 형성된다. 이런 기분 좋은 관계를 갖게 되면 새로운 세계가 열린다. 한 번이라도 이런 관계를 맺어본 사람이라면 무슨 말인지 알 것이다. 마치 작은 결속의 장소, 마음 둘 곳, 편안한 집이 있다는 생각이 드는 것이다.

영화 〈ET〉에서 가장 유명한 장면은 ET가 긴 집게손가락을 뻗으며 "ET 집에 전화해"라고 말하는 장면이다. 이 장면을 보고 많은 사람이 감동한 이유는 모든 사람들의 가슴속에 집을 그리워하는 마음이 있기 때문이다. 좋은 관계는 마음의 집이다. 이 집 안에서 우리는 인정, 관심, 존중을 받으며 다시 태어날 수 있다. 그리고 그때서야 비로소 삶의 의미를 느낀다.

수치심을 없애는 처방전, 스킨십

어린 시절에 양육자로부터 충분한 스킨십을 받지 못한 사람들은 어른이 되어서도 접촉을 좋아하지 않는다. 심지어 섹스할 때조차 최대한 스킨십을 줄이려고 노력한다. 이들에게 접촉은 불쾌한 것이다. 친근함의 표현이라기보다는 영역 침범이라고 느낀다.

안타깝게도 우리 사회는 오로지 성적으로 허락된 관계에서만 신체 접촉을 할 수 있다는 암묵적인 룰을 갖고 있는데 이것은 끔찍한 결점이라고 생각한다. 이 때문에 연인이나 배우자가 없는 사람들은 수년에 걸쳐서 신체 접촉이 없는 경우가 많은데 이것은 모두에게 좋지 않다. 또한 신체 접촉이라고 하면 거의 항상 성을 연상하는데 사실 모든 사람에게는 다른 사람을 포옹하거나 손을 잡거나 스킨십을 하고 싶은 욕망이 있고 이것은 성적인 욕망과는 다르다.

치유 모임을 하다 보면 성과 관련이 없는 작은 신체 접촉에도 거부감을 보이는 사람들을 자주 목격하게 되는데 여성인 경우가 훨씬 많다. 이런 경우 스킨십을 거부하게 되고 그렇게 되면 자연스럽게 섹스도 남들보다 덜 하는 경향이 있다.

내가 기대고 싶을 때 그냥 안아줄 누군가가 있다는 것은 모든 인간에게 너무나 중요하다. 우리는 피부를 접촉하면서 내가 살아 있다는 것을 확인하고 안전하다는 것도 느낀다. 이 드넓은 지구에서 안전을 확보하는 것은 기본적인 욕구 중 하나다. 이것이 충족되지 않으면 우리는 재능, 사랑, 삶의 기쁨을 맘껏 발산하지 못한다. 또한 스킨십은 수치심을 없애는 가장 유력한 처방제라는 것을 잊지 말자.

안전하다는 생각을
키우는 방법

안전이 인간관계에 미치는 영향

우리 모두는 의식적이든 무의식적이든 안전해지려고 애쓴
다. 때로 이 욕구가 너무 강해지면 자유와 활동성까지 포기하
기도 한다. 그렇게 되면 변하거나 치유하거나 하는 활동도 아
무 의미가 없어진다. 안전하다는 생각이 기초가 돼야 능력을
개발하거나 새로운 일을 시도하거나 새로운 사람을 사귀거나
하는 활동을 활발하게 할 수 있다. 심지어 안전함을 느끼지 않
으면 지능이 발달하지 않는다는 연구 결과도 있다.

이렇게 안전함을 느끼는 게 중요함에도 어떻게 하면 사람

들이 안전하다고 느낄지에 대한 연구는 활발하지 않다. 나는 이 책을 통해 다시 한 번 안전함의 중요성을 강조하고 싶다. 사람이 안전하다고 느끼지 못하면 자기 자신을 제대로 느낄 수가 없다. 자기 성찰 능력도 제한되고 세계를 인식하는 능력이 퇴화하기 때문에 호기심과 탐구심, 흥미마저 줄어든다. 그렇다면 사람들은 어떤 방법을 통해 안전을 지키고 있을까? 나는 통제, 무시, 신뢰, 관계라는 네 가지 키워드를 통해 이야기를 풀어나가고 싶다.

통제를 통한 안전

통제는 사람들이 안전을 도모하기 위해 가장 흔히 사용하지만 동시에 가장 힘든 방법이기도 하다. 이것은 자신이 삶에서 벌어지는 일들의 '총감독' 역할을 하는 것이다. 어쩌면 어떤 상황이나 다른 사람들의 행동을 지배하는 것을 의미하기도 한다. 기본적으로 우리는 우리의 삶을 감독하고 싶어한다. 통제력 상실, 즉 무력감은 사람이 느낄 수 있는 가장 끔찍한 것이다.

그럼에도 불구하고 우리가 통제하고 있다고 느끼는 것은

환상이라는 것을 알아야 한다. 삶은 우리가 통제하기에 너무 나 크고 복잡하며 예측 불허이기 때문이다. 또 주변에서 벌어 지는 모든 일에 신경을 쓰고 자기가 원하는 대로 하기 위해서 는 너무나 많은 에너지가 든다. 그러다 보니 통제를 통해 안전 욕구를 충족하려는 사람은 항상 긴장 상태, 흥분 상태에서 살 아야 한다. 여기서 모순적인 상황이 생기는데 모든 것을 강하 게 통제하려고 하면 할수록 지배권을 상실하는 경험을 더 자 주 하게 된다는 것이다. 즉 완전한 통제는 불가능하기 때문에 오히려 그 행동 때문에 트라우마를 겪을 가능성이 높다는 것 을 인정하자는 것이다. 통제에 대한 욕구가 강한 사람은 꼭 기 억해야 한다. 무력감과 거절당한 기억이 강렬할수록 통제욕 이 강해진다. 그리고 너무 강한 통제욕이 또 다른 트라우마를 만들 수 있다. 그러므로 이 감정에 애정을 가지고 천천히 조금 씩 다가가는 것이 중요하다.

무시를 통한 안전

안전을 도모할 수 있는 또 다른 방법은 원치 않은 정보를 그 냥 무시하는 것이다. '그래서는 안 되고 그럴 리도 없다'고 생

| 당신의 어린 시절이 울고 있다 |

각하는 것이다. 그런데 이렇게만 대처하면 나중에는 결국 안 좋은 경험을 하게 되는 경우가 많은데 다른 사람들이 보기에는 충분히 예방할 수 있는 상황인 경우도 많다. 특히 제 기능을 하지 못하는 가정(언어폭력이나 신체 폭력이 있는 경우)에서 자란 사람들 중에는 자신의 인지를 무시하고 부모가 심어주는 허상을 믿고 자라는 경우가 많은데 이들이 그렇게 행동하는 이유는, 그렇게 해야만 안전할 수 있고 또 부모의 관심을 받을 수 있기 때문이다.

우리 가족은 나를 얼마나 사랑하는지에 대해서 수시로 얘기해주었다. 그러면서 동시에 나를 때리거나 함부로 대하기도 했다. 이때 의식적인 것은 아니었지만 나는 나의 인지를 따랐다. 내가 느끼는 대로 판단하니 그들이 나에게 사랑한다고 한 말이 기만적으로 느껴졌다. 겉으로 보기에는 다정하고 행복해 보이는데, 안에서는 밖으로 말하면 안 되는(이를테면 폭력이나 무시 같은 행동) 일들이 벌어지는 가정에서 자란 사람들은 진실을 말하는 데 큰 어려움을 겪는다. 최악의 경우에는 금기시당한 일을 아예 없던 일처럼 무시한다. 이런 가정의 부모는 대체로 가족에 대한 충성심을 강요하고 그 아이의 상처에 대해서는 관심을 두지 않는다. 심지어는 그 아이가 자기 상처를 인지하는 것 자체를 금기시한다.

신뢰를 통한 안전

'신뢰를 통한 안전'을 택한 사람들은 훨씬 더 편안한 삶을 살아갈 수 있다. 이들은 애착 성향이 안정적인 사람들이며 고차원적인 가치를 믿는다. 한 연구에 따르면 믿음은 사람들에게 스트레스에 대항할 수 있는 단단한 힘과 저항력을 준다고 한다.

나는 내담자들에게 혹시 믿는 것이 있는지 자주 질문하곤 한다. 꼭 종교적인 믿음뿐 아니라 자연이나 초월적인 힘에 대한 믿음이나 어떤 종류의 신념도 여기에 해당한다. 그런 세계가 있다면 그 안에서 자신만의 의미, 질서, 평온 등을 얻을 수 있다. 그것은 사람을 지탱해주는 기본 정서가 되어서 세상으로 나아가고 새로운 경험을 하는 데 용기를 준다. 여기서 자기 자신에 대한 신뢰가 바탕이 되어야 함은 물론이다. 그렇지 않으면 뭔가가 잘못되었을 때 자신을 변론할 수 없게 된다.

만약 우리에게 그 어떤 믿음도 없다면 이 세상에 존재할 수가 없다. 많은 내담자들이 말로는 아무것도 믿지 않는다고 하면서도 속으로는 분명 그렇지만은 않다는 걸 나는 알고 있다. 새로운 물건을 구입하거나 버스나 트램을 탈 때도 사람을 믿지 않으면 안 되기 때문이다.

어떻게 하면 다시 사람에 대한 믿음을 회복할 수 있느냐는 질문을 종종 받는다. 그러면 나는 세계적으로 유명한 경영 컨설턴트인 스티븐 코비가 했던 말을 들려준다. 그는 신뢰라는 명사를 동사로 바꿔서 실천하라고 제안했다.[11] 일단 행동으로 옮겨서 무슨 일이 일어나는지 지켜보라는 것이다. 세상이 우리에게 신뢰를 증명할 때까지 가만히 있다가는 죽을 때까지 그것을 느껴보지 못할지도 모른다. 연습하고 습관화할수록 신뢰가 더 두터워진다는 것을 알아야 한다.

관계를 통한 안전

사람은 본능적으로 관계를 맺고 살아가도록 설계되어 있다. 관계는 우리에게 안전한 마음을 느끼게 해주고 또 그런 이유 때문에 관계를 맺는다는 것은 위험한 일이기도 하다. 우리가 갖고 있는 트라우마도 대부분 가까웠던 사람들, 믿고 의지했던 사람들 때문에 생기기 때문이다. 그러나 상처 받을지도 모른다고 해서 관계를 맺지 않는 건 아니다.

우리 조상들은 수천 년 동안 어떤 부족의 일원으로 살았고, 과학적으로도 공동체의 일원으로 사는 사람들이 더 건강하고 행복하다는 것이 이미 입증되었다. 그러면 우리가 집단 안에서 안전하다고 느낄 때 몸에서 어떤 변화가 일어나는지 살펴보자. 배 쪽 미주 신경은 무엇보다 얼굴 근육을 활성화시키기 때문에 우리가 세상과 어떻게 접촉을 하는지에 큰 영향을 미친다. 우리의 사회적 신경계가 켜졌는지 꺼졌는지에 따라 우리는 동일한 사건이나 자극을 다르게 해석하는 경향이 있다. 이것은 사회생활이 얼마나 중요한지를 말해준다. 그러면 어떤 몸의 신호를 통해 관계를 유지하는지 짚어보자.

경청하기 : 미주 신경은 배경 소음에서 사람의 목소리를 알아들을 수 있는 우리의 능력을 조율한다. 우리 귀는 평소 때는 사람의 목소리에 집중하지만 긴급 상황에서는 배경 소음에 주의를 기울여서 위기를 감지한다. 만약 뭔가 위험한 상황이 벌어지면 (우리가 의식하지 못하더라도) 우리 귀는 재빨리 이를 감지하는 모드로 바뀐다. 이런 일은 가령 우리가 스트레스가 많았던 일과를 마치고 친구들과 함께 술집에 앉아 있을 때도 일어난다. 스트레스 때문에 우리의 신경계는 여전히 '투쟁 또는 도피' 모드에 맞춰져 있다. 이 때문에 바로 옆에서 들리는 친구들의 목소리에 집중하는 것도 쉽지 않은 것이다.

눈 맞춤 : 사람들과 맺는 유대감은 눈 맞춤을 통해 형성된다.

| 당신의 어린 시절이 울고 있다 |

우리는 가까운 사람의 눈을 자세히 들여다보는 것을 좋아한다. 친밀한 관계는 눈 맞춤을 통해서 이루어진다. 또 그와 반대로 폭력 사태의 원인 역시 눈 맞춤이다. 길을 지나가는데 누군가 자신을 너무 오랫동안 빤히 쳐다본다면 유쾌할 수는 없을 것이다. 이렇게 눈 맞춤은 사람을 편안하게 만들 수도, 불편하게 만들 수도, 두렵게 만들 수도 있다. 물론 이때 상대의 표정을 어떻게 해석하는가도 중요한 키워드이다. 배 쪽 미주 신경은 타인의 표정을 읽는 우리의 능력에서 핵심 역할을 한다. 이는 우리의 사회성에도 지대한 영향을 미친다. 얼굴을 보고 상대의 감정을 잘 읽을수록 적절하게 대응하게 되고 그러면 호감도는 높아지고 사회생활은 원활해질 것이다. 사회적 시스템이 꺼져 있어서 교감 신경의 활동이 둔화되면 타인의 표정을 잘 읽지 못한다. 긍정적인 신호를 부정적인 신호로 오해해버리거나 그냥 빠른 피드백을 위협이라 해석하면 경직 반응이 일어나고 관계는 얼어붙는다.

표정 : 미주 신경은 타인의 표정을 해석할 뿐 아니라 자기 자신의 표정을 만들어내는 데도 영향을 미친다. 이 신경이 발달되지 않으면 감정을 드러내는 능력도 잘 발달되지 않는다. 우리가 얼굴로 감정을 표현하지 않을수록 사람들은 우리의 기분

을 읽어내기 쉽지 않고 그러면 가까워지기가 쉽지 않다. 사람들은 대개 자신의 말에 즉각적인 표정을 짓는 사람을 좋아한다. 만약 아무런 반응이 없거나 너무 늦게 반응하면 상대방은 불안해지거나 거부당했다고 해석하게 마련이다.

목소리 : 사회적 교류에서 목소리는 중요한 도구다. 음색은 사람 수만큼 다양하고 상대방이 우리에게 어떻게 반응하는지에 많은 영향을 미친다. 미주 신경은 우리의 목소리와 음성 변화를 특징짓는다. 만약 우리가 편안함을 느끼면 목소리 톤과 억양에서 이는 자연스럽게 드러난다. 목소리의 높낮이도 신경계의 긴장 상태에 따라 달라진다. 또 미주 신경계는 공격 성향이나 충동적 성향을 억제시킨다. 갈등이 고조되어도 폭력으로까지 가지 않고 잘 마무리할 수 있게 돕는다.

트라우마는 또 다른 트라우마를 낳는다

꼭 물리적인 폭력이 아니더라도 미세한 갈등이나 다툼은 인간 사회에서는 언제나 존재한다. 얼굴 마주 보기, 호의적인 눈맞춤 그리고 뚜렷한 억양과 편안한 목소리. 이 모든 것은 관계에서 안정감을 높여준다. 인간이라면 누구나 이렇게 안정감을 주는 관계를 원한다. 만약 상대방이 시선을 외면하거나 내가 하는 말을 듣고도 미소를 짓지 않거나 심지어 고개를 돌려버리면 그 원인을 모르는 이상 거부의 사인으로 받아들인다.

이 지점에서 우리는 트라우마가 악순환되는 메커니즘을 확인할 수 있다. 몸의 신경계가 지속적으로 '투쟁 또는 도피' 모드에 맞춰져 있는 사람들은 세상이 안전하다고 거의 느끼지 못한다. 그러다 보니 주변에서 일어나는 일의 대부분을 부정적으로 해석한다. 상대방의 대수롭지 않은 몸짓 언어와 표정에도 미심쩍게 반응하기 때문에 이는 다른 사람들로 하여금 또다시 경계하도록 만든다. 트라우마가 또 다른 트라우마를 낳는 악순환이 반복되는 이유가 바로 이것이다.

이렇듯 주위 사람들의 행동을 어떻게 해석하는지는 어떤 신경계가 활성화되느냐에 따라 달라진다. 반응에 따라 사회생활도 달라질 수 있기 때문에 이는 매우 중요한 요소이다. 심리적 상태, 경험, 건강은 똑같은 신경 경로에 놓여 있다. 이것을 이해하면 왜 우리가 심리적으로 괴로운 일을 당할 때 면역체계가 무너지는지를 잘 알 수 있다.

건강한 거리 두기란
무엇일까?

나만의 경계선 확보하기

안전함을 느끼려면 자신의 공간에 대한 경계선이 있어야 한
다. 이것이 있어야 우리는 다른 사람들을 훨씬 편하게 대하면
서 친밀해질 수 있다.

쇼크 트라우마의 부작용은 경계에 대한 기준이 명확하지
않다는 것이다. 그러다 보니 평범한 행동도 위험으로 해석해
서 지나치게 자신을 숨기거나 그와 반대로 경계에 대한 안테
나가 없어서 사람들이 가까이 다가오는 것을 방치하거나 스
스로 너무 가까이 다가가게 된다.

발달 트라우마가 있는 경우에는 독립된 인격체로 대우받지 못했기 때문에 자신만의 공간을 지키는 것이 애초에 불가능하다. 안전함을 느낄 수 없는 상황에서 자신의 공간을 지키려는 사람들은 악순환에 갇히게 된다. 스스로 자신을 보호할 수 있는 능력이 없기 때문에 정신이 몸을 벗어나는 해리 상태에 빠지게 된다.

의식하건 의식하지 못하건 사람은 누구나 경계를 지어 자신만의 공간을 확보하려고 노력한다. 이 공간이 없으면 내면이 발달할 수 없다. 여기서 '경계'라는 개념은 물리적인 의미만은 아니다. 말뿐 아니라 몸짓 언어를 통해서도 상대방의 영역을 침범할 수 있고 끔찍한 고통을 줄 수도 있는 것이다.

건강한 경계선의 키워드, 응답성

어린 시절에 상처 받은 사람들은 자신의 몸에 안착할 수 없었기 때문에 몸의 경계에 대한 자각이 약하다. 경계에 대한 인지는 만 두 살 반까지 발달되는데 이 시기에 아이는 점점 더 자신의 몸을 느끼면서 주인으로서 권리를 행사한다. 어린 시절에 상처를 입은 사람들은 이 과정을 온전히 수행하지 못한 경우가 많기 때문에 자기 몸의 주인 역할을 하지 못하고 내면이 몸 밖 '우주'에 머물러 있다. 경계를 느끼지 못하는 대신 주변 사람들과 세상에 대한 섬세한 인지 능력을 갖고 있는 경우가 많다. 생존을 위해서 양육자의 감정을 잘 파악하고 위험에서 벗어나기 위해 노력했던 역사가 있기 때문이다. 그런데 자기 자신이 아닌 외부 세계에 집중하다 보니 자신에 대한 인지 능력은 떨어진다. 결과적으로 모든 에너지를 밖에 써버리고 나니 자신에게 쓸 에너지는 남아 있지 않아 스스로를 보호할 수가 없게 된다.

그렇다면 어린 시절에 건강한 경계 의식을 발달시키려면 어떻게 해야 할까? 우선 양육자가 아이에게 안전한 공간을 제공해서 보호받고 있다는 느낌을 줘야 한다. 여기서 중요한 것은 '응답성'이다. 욕구와 감정 상태를 잘 파악해서 제때 응답해주는 것이 중요하다. 물론 시간이 지나면서 점점 독립적이 되어갈 때는 놓아주는 것도 필요하다. 아이가 한 살 반이 되면 부모와는 확연히 구별되는 자아를 갖게 된다. 세 살이 되면 대상 항상성object constancy, 대상에 대한 일정한 이미지를 유지하는 것이 발달하여 신체 접촉 없이도 양육자와 연결되어 있다고 느낀다. 이때는 접촉을 훨씬 느슨하게 해야 한다. 아이를 놓아주는 이 과정을 많은 양육자들이 힘들어하는데 그렇게 하지 않으면 경계선이 너무 좁은 사람으로 자랄 수 있기 때문에 조심해야 한다.

또 공간의 경계와 몸의 경계는 문화의 영향도 많이 받는다. 알프스 남부 지역에 가면 그곳 사람들이 '지나치게 가까이' 다 가오는 것을 느낄 수 있다. 이때 몸을 피하게 되면 거부 반응으로 받아들여서 오해가 쌓일 수도 있다.

아이들의 공간 감각과 경계에 대한 감각은 만 여덟 살에서 열여섯 살 사이에 발달한다. 여섯 살짜리 아이가 우리 다리 사이로 기어 다니면 우리는 이를 용납하고 어쩌면 '귀엽다'고 생각하기도 한다. 하지만 열두 살짜리가 그런 행동을 하면 더 이상 재미있지 않다. 만약 성인이 이런 행동을 한다면 우리는 아마도 화를 낼 것이다.

낯선 사람과 친근한 사람, 거리는 어느 정도 둬야 할까?

통상적으로 사람과 사람 사이에는 지켜야 할 '거리'가 있다. 일반적으로 우리는 사회적으로 통용되는 이 거리감을 잘 지키면서 살아간다. 하지만 누군가 그것을 지키지 않으면 곧장 알아차린다.

낯선 사람과의 거리 : 약 4미터에서 6미터로 보통 길거리에서 적용된다. 이보다 거리가 가까워지면 우리는 서로를 피한다. 길을 가던 누군가가 이 거리를 침범하거나 그럴 의도만 보여도 우리는 본능적으로 인지한다. 멀리서 봐도 어떤 사람이 나를 피해 갈지 아닐지도 감지할 수 있다. 예를 들어 누군가에게 길을 물어볼 때에도 이 사회적 거리를 지키면서 해야지, 그렇지 않으면 불편해진다. 누군가 아무 말없이 우리의 공간을 침범하면 위협을 느낀다. 그만큼 우리는 거리에 대한 강한 안테나를 갖고 있다.

때로는 물리적인 거리뿐 아니라 시선만으로도 공간을 침범하기도 한다. 특히 여성들이 이런 경험을 자주 한다. 만약 이런 시선 침범을 당했을 때 이것이 '아무렇지도 않은 일'이 절대 아니라는 것을 알아야 한다. 여성들을 위한 호신술 트레이너로 활동할 때 이런 식의 침범을 당한 여성들을 수없이 만나봤다. 이들은 공통적으로 위험한 일이 생길 것을 미리 예상했다. 하지만 자신의 직관을 애써 부정하는 습관도 갖고 있었다. 여성들은 사회화 과정에서 예민하게 반응했을 때 질타를 받았던 경험이 많기 때문이다.

사회생활할 때 거리 : 순전히 진화론에 입각해서 보면 우리 인간들은 오랫동안 짐승의 먹잇감이었다. 어쩌면 그래서 우리는 누군가가 우리를 빤히 쳐다보는 것을 육감으로 감지할지도 모른다. 그런 사람들이 내뿜는 에너지는 근본적으로 다르다. 사냥할 때 맹수가 발산하는 에너지와 비슷하다. 맹수는 재빨리 특정한 얼룩말 하나를 표적으로 삼아 맹렬히 쫓는다. 그러면 다른 얼룩말들은 자신이 목표물이 아니라는 것을 정확히 인지하고 비켜선다. 그러므로 사회생활에서 만난 사람에게 다가가려면 호의적인 의도가 있다는 신호를 보내고 상대가 이해할 수 있는 방식으로 커뮤니케이션을 해야 한다. 그래야만 둘 사이의 공간이 줄어들어도 긴장을 풀 수 있다. 이때의 거리는 약 2.5미터에서 4미터 정도이다.

서로 '탐색하는 과정'을 거치고 위협을 느끼지 않은 다음에야 이 거리는 줄어든다. 일반적으로 대화 상대는 자동적으로 서로 비스듬히 서는데, 이를 통해 체감 거리가 넓어지고 도주로가 확보된다. 사람들은 근본적으로 누구와 정면으로 마주 서 있는 것을 좋아하지 않는다. 이를 속박이나 위협으로 느끼기 때문이다. 대화 또는 협상이나 토론을 할 때 서로 정면으로 마주 보고 앉아 있으면 훨씬 더 긴장이 고조된다는 심리 연구 결과는 무수히 많다.

친밀한 사람과의 거리 : 사적인 거리는 약 1미터에서 2.5미터 사이이다. 친구, 연인, 가족은(좋아하는 가족만) 이만큼 가까이 다가와도 괜찮다. 이 거리 사이에서 친밀한 대화를 나누고 신체 접촉도 하게 된다. 이보다 더 친밀한 거리, 즉 0미터에서 1미터 사이는 우리와 아주 가까운 사람들만 가능하다. 또 이사람들과도 항상 이렇게 가깝게 지내는 것은 아니다. 편안함과 포근함을 느낄 수도 있지만 다른 한편으로는 힘들기도 하기 때문이다. 가까운 접촉은 우리의 신경계에도 큰 에너지를 요구한다.

자꾸 어딘가에 몸을 부딪치는 이유

트라우마 사건은 인간과 인간 사이의 경계를 침범하는 것이며 흔적을 남긴다. 비일상적인 사건으로 생기는 것이 쇼크 트라우마이며 자신만의 경계가 아직 정해지지도 않은 상황에서 일어나는 것이 발달 트라우마이다. 전자는 자신이 만들어놓은 좋은 느낌의 공간이 습격당하는 것이고 후자는 자신의 사적 공간이라는 개념조차 배우지 못한 상태에서 침범당한다는 차이가 있다.

어린 시절 힘든 환경에서 자란 아이들의 경우 자꾸 어딘가에 몸을 부딪치는 경향이 있다. 자기 몸의 경계를 의식하지 못하기 때문이다. 꼭 생명에 위협적이거나 폭력을 당해야만 발달 트라우마가 생기는 것이 아니다. 양육자가 아이의 경계선을 무시하거나 침범하는 것만으로도 충분하다. 예를 들어 아이가 '충분히' 고개를 돌리면서 의사를 표현했는데 계속해서 자극을 한다거나 하는 경우가 그렇다. 좀 더 큰 아이들의 경우에는 아이 방에 들어가면서 노크를 하지 않거나 욕실 문을 잠그지 못하게 한다거나 하는 식의 행동도 경계를 침범하는 것이다. 아이들이 원치 않는 상황에서 '예의 바르게' 행동하라는 명목으로 다른 사람을 포옹하라고 시키는 일도 마찬가지이다.

또 양육자가 아이에게 자신의 말을 듣지 않으면 버릴 거라고 협박한다거나 이를 암시하는 행동을 하는 것도 트라우마를 남기기는 마찬가지이다. 이때 아이가 선택할 수 있는 유일한 해결책은 자신만의 경계선을 포기하는 것이다.

대개 사람들은 아이들의 경계선을 잘 지켜주지 않는다. 거리에서 낯선 강아지를 만질 때보다도 더 아무렇지 않게 아이들을 만진다. 오히려 강아지를 만질 때는 조심스럽게 손을 내밀어 냄새를 맡을 수 있게 해준다. 어른의 경우에는 서로 가까운 사이가 아니면 함부로 경계선을 침범하지 않으면서 상대가 아이라면 이런 룰을 무시하기 일쑤다. 특히 얼굴과 배는 아주 예민한 부분이어서 가까운 사이가 아니면 함부로 만져서는 안 된다. 아이일 때 이런 경계선을 일상적으로 침범받으면 내가 원하지 않아도 다른 사람이 언제든지 나의 공간에 침범할 수 있다는 생각을 무의식적으로 갖게 된다.

어린 나이에 물리적 폭력이나 성적 폭력 같은 심각한 사건을 겪는 경우는 치명적이다. 이런 경험은 낯선 사람이 집에 무단 침입하거나 집을 점거한 사건과 비슷하다. 이런 사건을 당한 사람은 자신의 집에서 안정을 취할 수 없기 때문에 일단 집에서 뛰쳐나가게 된다. 하지만 밖으로 나간다고 해서 안전함을 느낄 수는 없다.

'아니오'라고 말할 수 있다면 괜찮다

심리적 안정을 찾기 위해서는 자신만의 공간이 확실하게 자리를 잡아야 한다. 대문과 창문이 항상 활짝 열려 있고 언제든 낯선 사람이 들어올지도 모르는 집에 누가 있고 싶겠는가.

자신만의 경계선, 자신만의 공간에 대한 느낌을 잡아보자.

| 당신의 어린 시절이 울고 있다 |

이때 조심스러운 접근이 중요하다. 자기 공간이 침범당했다고 생각하면 거부감과 불안, 공포 같은 좋지 않은 감정이 한꺼번에 올라오기 때문이다. 이런 부정적인 감정들을 다스리기위해서는 나의 사고도 유연해야 한다. 특히 트라우마는 자기를 보호하기 위해 유연하지 않은 행동 패턴을 만들어내기 때문에 그것을 객관적으로 바라봐야 한다. 또 타인과 교류할 때경계는 숙명적으로 부딪히게 마련이기 때문이다.

하지만 이것만은 잊지 말아야 한다. 다른 사람에게 '아니오'라고 말하는 것은 나 자신에게는 '예'라고 말하는 것과 같다는 사실을 말이다. 경계선을 긋지 못하고 모든 사람들의 비위를 맞추느라 '예'라고만 하면 결국은 자기 자신이 누구인지, 무엇을 좋아하고 무엇 때문에 살아가는지를 전혀 모르는 상태가 되어버릴 것이다. 그러므로 우리는 적절하게 '아니오'라고 말할 수 있도록 연습을 해야 한다.

4장

몸은 과거의 비밀을 알려주는 열쇠다

"사람을 바꾸는 것은 인식이 아니라 몸이다"

행복을 결정하는 세 가지 요소

많은 사람들이 자기 삶이 고통스럽다고 호소하면서 살아간다. 이런 사람들을 대상으로 한 불안 마케팅과 건강 불안증을 타깃으로 한 산업은 몇 년째 호황을 누리고 있다. 하지만 그런 상품들은 스스로의 경계를 설정하고 자기 자신을 조절하지 못하는 사람들에게는 거의 무용지물이다. 실천에 옮기기 어렵거나 부적절하기 때문이다. 오랫동안 심리치료사로 활동하면서 모니터링한 결과 불안 마케팅으로 나온 상품들은 이미 자기 조절 능력을 갖춘 사람들에게만 도움이 된다는 것을 깨닫게 되었다. 물론 그들은 별 문제없이 잘살고 있기 때문에 이런 마케팅 상품에 관심이 없을 것이다.

다시 한번 상기해보자. 나의 삶을 의식적으로 객관적으로 바라보려고 노력하다 보면 다른 것들을 생각할 마음의 여유가 없어진다. 굳이 의식하지 않아도 자연스럽게 자기 객관화를 할 수 있는 상태가 되어야 오히려 마음의 여유가 생겨서 새로운 시도를 할 수 있게 된다.

대개 사람들이 힘들어하는 증상은 문제가 아닌 경우가 많다. 문제의 원인은 겉으로 드러나는 증상이 아닌 훨씬 더 깊은 곳에 들어 있다. 행복을 결정하는 능력에는 크게 세 가지가 있다.

- 자기 조절 능력
- 유대 관계
- 신체 지각 능력

인생의 질을 결정하는 이런 능력들은 연습을 통해 단련되기도 한다. 시간을 내서 소파에 앉아서 자신의 몸을 느껴보자. 이 단순한 연습은 삶에 큰 변화를 가져다줄 수 있다. 물론 쉬워 보이지만 절대 그렇지 않다. 변화에는 긴 시간과 에너지가 필요하다. 쉽고 빠른 해결책이란 존재하지 않는다.

사람을 바꾸는 것은 인식이 아니다

마지막으로 심리치료에 대한 나의 생각을 이야기하고 싶다. 이 책을 읽는 독자들 중에서도 앞으로 살아가면서 심리치료를 받게 될 수도 있을 것이다. 이것은 전적으로 내 의견이며, 모든 의견이 그렇듯 절대적인 진실은 아니라는 점도 밝힌다. 하지만 수년에 걸친 경험에서 나온 생각이기 때문에 이 지면을 통해 남겨두고 싶다. 나는 30년째 사람들을 상담하는 일을 하고 있다. 나는 실수도 했고, 좋은 결과를 이끌어내기도 했으며 몇몇 사람들의 삶에는 긍정적인 영향을 끼치기도 했다.

나는 스물아홉 살 때부터 심리치료를 받기 시작했다. 5년 동안 일주일에 한 번씩 심리치료사를 찾아가 상담을 받았는데 결과적으로 말하면 그 사람이 나의 생명을 구해줬다고 할 수 있다. 그때 다행히도 신체 심리치료를 하는 심리치료사를 만났는데 그분은 나 자신보다 나를 더 잘 아는 사람이었다. 그분은 나에게 주어진 시간 이상을 투자해줬고 지속적인 변화를 위해 꾸준히 필요한 것을 해주었다. 그때 나는 나 스스로를 믿지 못했는데 그분은 나를 믿어주었다. 그러면서도 나의 단점들에 대해서는 엄격하게 대했다. 내가 필요할 때는 손을 내밀어주었고 아무것도 할 수 없다는 생각이 들 때는 안아주었다. 나 자신보다도 나의 깊은 불안을 알아차리고 내가 거기서 빠져나올 수 있도록 도와주었다.

돌이켜 생각해보면 그 이후 내가 정식으로 심리치료를 공부할 때보다 오히려 그분에게 심리치료를 받던 그 시기에 더 많은 것을 배운 것 같다. 심리치료는 흔히 노사관계의 메커니즘으로 이뤄진다. 경험을 이야기하고 듣고, 생각을 이야기하고 인식을 수집하고, 그 과정에서 눈물을 흘리고 위로를 한다. 하지만 이런 형태의 심리치료는 대부분 좌반구에서 일어나는 활동, 즉 인지·분석적이고 언어 지향적이다. 인식을 통해 삶을 바꿀 수 있다는 믿음이 깔려 있는 것이다. 하지만 내 경험상 안타깝게도 그런 경우는 매우 제한적이다.

물론 처음 심리치료를 시작할 때는 자신의 생각과 감정을 제대로 의식하고 이를 표현하는 것이 중요하다.

하지만 삶의 질을 정하는 가장 첫 번째 기준은 우리가 자신의 문제를 얼마나 잘 의식하는지, 아니면 자신의 감정을 얼마나 잘 표현하는지가 아니다. 앞에서 언급했듯이 자기 자신을 얼마나 잘 '조절'하는지, 얼마나 안정적으로 유대감을 유지하

| 당신의 어린 시절이 울고 있다 |

는지에 달려 있는데 이 행동 패턴이 어린 시절의 기억에서 비롯된다는 것이 핵심이다. 문제는 이것이 그림자 기억 속에 저장되어 있기 때문에 언어화할 수 없다는 데 있다. 심리치료사가 내담자의 그림자 기억에까지 다가가기 위해서는 몸이 그 사람의 비밀을 푸는 가장 중요한 열쇠라는 사실을 인정해야 한다. 몸을 통해 그 사람의 과거, 옛 상처와 트라우마는 자연스럽게 드러난다. 그런 이유 때문에 신체 지각 능력이 행복을 좌우하는 가장 중요한 요소라고 말하는 것이다.

몸은 말보다 진실하다

신체 심리치료의 역사는 정신분석학의 창시자인 지크문트 프로이트Sigmund Freud의 '말하기 치료'만큼이나 오래전으로 거슬러 올라간다. 신체 심리치료의 원조는 빌헬름 라이히Wilhelm Reich로 프로이트의 제자였던 그는 자신만의 연구를 통해 기존의 심리 분석에서 벗어나 몸을 중심으로 성격을 분석하고 생장 치료Vegetotherapy하는 프로그램을 만들었다.

이 치료법은 몸이 말하는 진실에 집중한다. 사람의 자세, 특정한 상황에서 몸에 나타나는 흥분 상태, 스트레스 상황에서 자연스럽게 드러나는 행동 등을 관찰하고 해석한다.

나는 사람의 몸이 말보다 훨씬 더 진실하다는 것을 자주 목격했다.

우리는 언어를 통해 몸에서 일어나는 일을 계속해서 검열한다. 하지만 언어와 몸이 일치하지 않는 일은 종종 일어난다. 가령 심리 상담 시간에 어떤 내담자가 하는 말이 몸의 반응과 일치하지 않는 일은 드물지 않다. 몸은 우리가 보여주고 싶어 하지 않거나 너무 오래돼서 더는 기억하지 못하는 감정들도 드러낸다.

나는 이렇게 그림자 기억 속에 숨어 있던 감정들을 다시 의식으로 불러들여서 새로운 경험을 하고 변화할 수 있도록 하는 데 중점을 두고 있다. 내가 이 책에서 소개한 모든 학습 단계는 신체 심리치료를 기반으로 하는데 이 과정을 거치면서 몸에도 패턴을 남기게 된다.

성인이 된 이후에 겪은 사건도 몸에 기록되는데 예를 들어 출산 과정에서 스트레스가 너무 심하거나 트라우마를 겪은 경우에도 몸에 강한 흔적이 남는다. 몸은 그 사람이 어떤 안경을 통해 이 세상을 바라보는지 그리고 성장 과정에서 어떤 발달 과제를 잘 수행하지 못했는지를 잘 보여준다. 나는 모든 내담자가 자신이 억압당한 감정 패턴을 회복하고 세상을 새롭게 바라볼 수 있도록 돕고 싶다. 그리하여 그들이 새로운 삶을 자기 스스로 선택하고 만들어가기를 바란다. 심리치료 과정에 몸이 포함되지 않으면 진정한 변화는 있을 수가 없다. 몸이 곧 그 사람이기 때문이다.

성적인 요소가 배제된
한정된 기간의 사랑 관계

만약 책을 읽으면서 혼자 심리치료를 해보려고 했으나 도저히 되지 않는다면 일정 기간 동안 '공동 조절'하는 사람이 필요하다. 이것은 창피한 일이 아니다. 인간은 원래 관계 지향적이며 태어날 때부터 타인과 연결되어 있다. 누군가가 나를 위해 온전히 있어준다는 느낌이 들면 훨씬 더 쉽게 평온해지고 편안한 마음으로 자기 자신을 알아갈 수 있다. 만약 나에게 그런 사람이 있다면 그건 정말 인생이 주는 흔치 않은 선물이니 보물처럼 잘 지켜야 한다.

심리치료 현장에서도 '공동 조절'이라는 개념은 아직 잘 정립되지 않았다. 누군가가 나를 느끼고, 그 사실을 내가 다시 느끼는 것이 심리치료에서 가장 중요한 것인데도 여전히 업

계에서는 자기 인식의 과정에 더 많은 가치를 두고 있다. 그런데 앞서도 이야기했지만 인식한다고 해서 치료가 되는 것은 아니다. 누군가와 함께하는 '공동 조절'은 뇌의 우반구에서 일어나는 활동이다. 표정이나 어조 같은 몸짓 언어가 거울 반응을 일으키면서 '신체 전이'가 일어난다.

이 과정에서 두 사람을 가로막는 장애물이 있다. 그것은 심리치료사가 기록하는 노트북 컴퓨터일 수도 있고 내담자와의 사이에 놓여 있는 책상일 수도 있다. 심리치료 시 신체 접촉을 금지하는 원칙이 있는데 나는 이것이 해롭다고 생각한다. 이 것이 우반구에서 일어나는 커뮤니케이션을 방해하기 때문이다. 치료사와 맺는 관계는 성적인 요소가 배제된 한정된 기간의 사랑 관계이다. 따뜻하게 손을 잡아주거나 포옹해주는 것은 유대 관계를 만드는 데 매우 중요한 스킨십이다. 이런 관계를 염두에 두지 않는 심리치료가 과연 어떤 효과를 발휘할 수 있을까? 많은 내담자가 치유 과정에서 또다시 혼자 버려졌다고 느끼면서 유년기의 경험을 반복한다. 이런 일이 생기지 않으려면 관계 지향적이고 신체 지향적인 심리치료를 해야 한다고 나는 생각한다.

"리더십은 행동이지 지위가 아니다"라는 말이 있다. 똑같은 말을 심리치료사에게도 적용할 수 있다고 나는 생각한다.

| 당신의 어린 시절이 울고 있다 |

심리치료사는 행동을 통해 내담자에게 다가서야지 지위를 갖고 있다고 생각하면 안 된다. 물론 치료 과정에서 유대감을 만들어내는 것은 사실 매우 힘든 일이다. 자칫 잘못하면 심리치료사가 번아웃 상태가 되거나 더는 내담자들과 관계를 맺고 싶지 않다는 생각을 하기도 할 것이다. 그러나 그럼에도 불구하고 심리치료사와 내담자 사이의 '유대감'은 성공적인 상담의 가장 중요한 전제라고 말하고 싶다.

새로운 나를 발견하는 것이
진짜 모험이다

우리의 고통은 사회적 문제이다

나의 동료인 요하네스 B. 슈미트는 "심리치료사와 심리학자
들은 과거의 목사와 무속인들 같다"라고 말한 적이 있다. 나
는 이 말에 동의한다. 점점 더 개별화되어가는 사회 속에서 심
리학자와 심리치료사는 누군가의 말을 잘 들어주는 상대이
다. 상담실 문에 '심리치료'라는 글씨가 적혀 있다는 이유만으
로 사람들은 첫 상담 시간부터 아주 은밀한 얘기를 꺼낸다.

나는 재미 삼아 아메리카 원주민 부족들이 어떻게 무속인
이나 족장으로 '일하게' 될 사람을 선택했는지를 알아보았다.
그들은 우선 아이들을 자세히 관찰하고 성격과 행동에 맞게

적당한 역할을 부여하고 지지해준다고 한다. 그리고 그중에서 무속인이 될 사람을 미리 선정해서 키워나간다고 한다. 이 때문에 그 역할을 맡겨도 되는지에 대해서 매우 철저하게 관찰하는 것이다.

나는 심리치료사에 대한 수요가 계속 증가하는 것은 우리 사회가 제대로 돌아가지 않는 신호라고 생각한다. 건강보험에서 인정하는 심리치료사들이 상담실에 넘쳐난다는 사실은 사람들에게 심리적 고통이 만연하다는 것을 단적으로 보여준다. 그런데 사실 이들의 고통은 개인적인 문제가 아니라 사회적인 문제이다. 사회 구조적인 문제를 개인적으로 해결하기 위해 고군분투하고 있는 것이다.

이를 해결하기 위해서는 유대감, 자기 조절 능력, 커뮤니케이션 능력 등을 키우기 위해 노력해야 하는데 왜 학교에서 이런 것들을 가르쳐주지 않는지 정말 의문이다. 만약 사회가 개개인에게 모든 문제와 불안을 떠넘기지 않고 나서서 다른 해결 방안을 찾는다면 심리치료사라는 직업이 없어진다 해도 나는 기꺼이 환영할 것이다.

심리치료사를 선택할 때 던져야 할 질문

치료사라고 해서 다 같은 치료사가 아니다. 모든 목공이 예술가는 아니며 모든 자동차 정비공이 다 신뢰할 만한 사람이 아니듯이 상담 분야도 마찬가지이다. 심리치료사를 선택할 때는 예를 들어 다음과 같은 질문들을 해봐야 한다.

- "얼마나 오래 교육을 받은 상담사인가?"
  → 최소한 3~5년(드문드문 받지 않고 한 번에 길게)은 되어야 한다.
- "스스로 얼마나 많은 자가 치료를 했는가?"
  → 최소한 2~3년은 필요하다.
- "나에게 어떤 치료 방법을 사용할 것인가?"
  → 치료사는 설명을 잘할 수 있어야 하고 내담자의 문제에 대해 확실하게 명명할 수 있어야 한다(어쩌면 내담자보다 더 정확하게). 그리고 방법과 진행 단계를 제시할 수 있어야 한다.

만약 이 글을 읽는 독자들이 심리치료사를 찾고 있다면 자신과 같은 사례를 치료한 경험이 있는지, 이에 대해 어떻게 생각하는지를 꼭 물어봐야 한다(성적인 폭력이나 트라우마를 다룰 때 여전히 말도 안 되는 치료 방법을 쓰는 경우도 있다). 또 자기 조절 능력과 유대 관계 능력을 키우기 위해 어떤 방법을 제시하는

지도 살펴보자.

무엇보다 심리치료도 서비스라고 생각하자. 내담자들이 첫 상담 시간에 자신을 완전히 오픈하고 모든 것을 얘기해야 하는 것은 아니다. 오히려 심리치료사가 내담자의 질문에 대답할 준비가 되어 있어야 한다. 만약 그렇지 않다면 다른 심리치료사를 찾아보는 것도 한 번쯤 생각해봐야 한다. 물론 내담자가 적극적으로 참여하고 스스로 변화를 원해야 하지만 심리치료사의 성격, 기본적인 교육 내용, 내담자에게 적합한 치료형태를 찾는 것도 중요하다.

어떤 사람들은 심리치료사가 마치 의사처럼 바로 자신의 고통을 없애줄 거라 기대한다. 하지만 유감스럽게도 심리치료는 누르면 바로 나오는 자판기가 아니며 만병통치약도 아니다. 아주 오랫동안 숨어 있던 과거의 상처가 현재의 삶을 지배하지 못하도록 끊임없이 노력하는 과정일 뿐이다.

내가 불편해하는 내 모습 발견하기

끝으로 이 책이 심리치료사만큼은 아니지만 자기 자신을 제대로 이해하고 좀 더 자비롭게 대하는 데 도움이 되기를 바란다. 만약 그렇다면 나는 소기의 목적을 달성한 것이다. 앞으로도 계속해서 새로운 자신을 만나고 발견하는 데 힘과 용기를 내기 바란다. 나의 좋은 부분뿐만 아니라 내가 불편해하는 부분도 발견한다면 그것이 새로운 나를 알아가는 길잡이가 될 것이다. 내 친구는 이런 말을 한 적이 있다.

"젊었을 때는 다른 나라를 발견하는 것이 모험이라고 생각했다. 하지만 이제는 나 자신을 발견하는 것이 진정한 모험이다."

시간이 지날수록 당신의 하늘이 더욱 푸르게 변하기를 바란다!

| 당신의 어린 시절이 울고 있다 |

도움을 주신 분들이 없었다면 이 책은 결코 세상에 나오지 못했을 것입니다. 책을 만드는 일은 결코 혼자 할 수 있는 일이 아니라는 것을 이 책을 통해 알게 되었고 많은 저자들이 왜 그토록 감사의 말을 길게 쓰는지도 몸소 경험하게 되었습니다.

무엇보다 이 책의 체계를 잡아주고 단어와 문체를 마지막까지 다듬어준 울리케 브란트 슈바르체 편집장님에게 가장 먼저 감사의 인사를 전합니다. 편집장님은 처음부터 이 책의 내용에 공감하고 꼭 세상에 나와야 한다고 말해주었습니다. 또한 마지막까지 문장 하나하나를 꼼꼼하게 확인하고 수정해주었습니다. 이분을 통해 이런 작업의 중요성을 깨닫게 되었습니다.

그리고 저를 '발견'해주시고 먼저 연락을 주신 쾨젤 출판사 지빌레 마이어 편집장님에게도 감사를 드립니다. 초고부터 탈고까지 함께해주셔서 정말 고맙습니다. 앞으로의 인생길에 행운과 성공이 함께하기를 빕니다. 또한 도움을 주신 쾨젤 출판사 우샤 샤미와 유디트 마르크 씨를 비롯하여 쾨젤 출판사에 진심으로 감사드립니다.

이 책을 세상에 내보낼 결심을 하는 데 결정적인 용기를 준 제 친구 파트리치아 고르케에게도 감사합니다(용기를 내는 것이 생각보다 훨씬 어려웠습니다). 또한 제 인생이나 일에 도움을 주는 친구 지기(지그리트 플라테)에게도 고맙다는 말을 꼭 하고 싶습니다.

"한없는 지지를 보내주고 나를 언제나 믿어줘서 고마워."

그리고 '제가 선택한' 가족, 대부분 만난 지 20년이 넘은 친구들에게도 감사의 인사를 전합니다. 이들은 저에게 '자의식'이라는 단어가 낯선 시절 때부터 지금까지 함께해주고 지지해주었습니다.

"고마워! 너희들이 없었다면 나는 정말 아무것도 아니었을 거야!"

특별히 그중 가장 친한 친구인 주잔네 체르빈스키를 언급

| 당신의 어린 시절이 울고 있다 |

하고 싶습니다. 주잔네는 지난 25년 동안 제가 산전수전을 겪는 순간에 늘 함께 있어주고 제가 앞으로 나아갈 힘을 주었습니다. 그리고 웃는 법을 가르쳐주었습니다!

"고마워!"

그리고 이 사람이 없었다면 저는 오늘날 이곳에 있지 못했을 것입니다. 이렇게 좋은 날이 올 줄은 생각도 하지 못했습니다(그 당시에는 제가 이 나이까지 살아 있으리라고는 생각하지 못했습니다). 제 인생에 함께 있어준 유타 페르회프에게 감사를 드립니다.

그리고 제가 일을 할 때 중요시하는 것을 말할 수 있도록 독려해준 미농 바르네뮌데에게 고맙다는 말을 꼭 하고 싶습니다. 우리 모두가 가능한 한 인간적인 사람이 되었으면 좋겠습니다!

이 지면을 통해 일일이 이름을 언급하지는 못하지만 저를 지지해주고 함께해준 모든 분에게 감사를 전합니다.

예전에 저와 작업을 함께하고 저를 믿어주고 지지해주었던 분들, 온라인을 통해서 저에게 긍정적인 메시지를 남겨주시어 이 일을 계속할 수 있게 도움을 주신 분들, 제가 수강했던 신체 중심 치료 선생님들을 비롯해서 이 세상에 호기심을 갖고 더 나은 세상을 찾기 위해 새로운 길을 찾는 모든 분들, 그리고 마지막으로 독자 여러분에게 깊은 감사의 말씀을 전합니다. 우리가 살고 있는 지구는 매우 작고, 우리는 이 지구 덕분에 잘 살고 있으며, 지구라는 행성은 우리와 마찬가지로 상처 받기 쉽다는 것을 우리 모두 잊지 않았으면 좋겠습니다.

저에게 더 궁금한 점이 있거나 더 많은 정보가 필요하신 분들, 저와 어떤 식으로든 작업을 함께해보고 싶은 분들은 아래 온라인 주소에서 더 많은 정보를 얻을 수 있습니다.

www.traumaheilung.de

www.einfachmenschsein.com

온라인 숍과 강좌 :

damicharf-selbsthilfekurse.com

Allen, Jon G., Peter Fonagy, Anthony W. Bateman : Mentalisieren in der psychotherapeutischen Praxis. 2. Aufl. Stuttgart, Klett-Cotta 2008.

Bauer, Joachim : Das Gedächtnis des Körpers. Köln, Eichborn 2002.

Bowlby, John : Über das Wesen der Mutter-Kind-Bindung. Psyche 13(1958), S. 415-456.

Covey, Stephen M., Rebecca M. Merrill : Schnelligkeit durch Vertrauen : Die unterschätzte ökonomische Macht. 5. Aufll. Offenbach, GABAL 2009.

Davidson, Richard, Sharon Begley : Warum wir fühlenn, wie wir fühlen : Wie die Gehirnstruktur unsere Emotionen bestimmt – und wie wir darauf Einfluss nehmen können. 2. Aufl. München, Arkana 2012.

Hart, Onno van der, Ellert Nijenhuis, Kathy Steele : Das verfolgte Selbst : Strukturelle Dissoziation und die Behandlung chronischer Traumatisierung. Paderborn, Junfermann 2008.

Johnson, Sue : Liebe macht Sinn : Revolutionäre neue Erkenntnisse über das, was Paare zusammenhält. München, btb 2017.

Keleman, Stanley : Verkörperte Gefühle. München, Kösel 1995.

Ledoux, Joseph : Das Netz der Gefühle : Wie Emotionen entstehen. Münchenn, Hanser 1998.

MacNaughton Jan : Body, Breath and Consciousness : A Somatics Anthology. Berkeley, CA, North Atlantic Books 2004.

McGonigal, Kelly : The Upside of Stress : Why Stress is Good for You, And How to Get Good at it. Avery, Penguin US 2016.

Ogden, Pat, Kékuni Minton, Clare Pain : Trauma und Körper. Ein sensumotorisch orientierter psychotherapeutischer Ansatz. 2. Aufl. Paderborn, Junfermann 2009.

Perry, Bruce D. : Der Junge, der wie ein Hund gehalten wurde. München, Kösel 2006.

Porges, Stephen W. : Die Polyvagal-Theorie und die Suche nach Sicherheit : Traumabehandlung, soziales Engagement und Bindung. Paderborn, Junfermann 2010.

Retzinger, Suzanne M : Violent Emotions : Shame and Rage in Marital Quarrels. SAGE Publications 1991.

Rothschild, Babette : Der Körper erinnert sich. Die Psychophysiologie des Traumas und der Traumabehandlung. 5. Aufl. Essen, Synthesis 2002.

Schmidt, Johannes B. : Der Körper kennt den Weg : Trauma-Heilung und persönliche Transformation. München, Kösel 2008.

Schore, Allan N. : The Science of the Art of Psychotherapy. New York, W.W. Norton&Company 2012.

Shay, Jonathan : Achill in Vietnam. Kampftrauma und Persönlichkeitsverlust. Hamburg, Hamburger Edition 1998.

Siegel, Daniel J. : Wie wir werden, die wir sind : Neurobiologische Grundlagen subjektiven Erlebens und die Entwicklung den Menschen in

| 당신의 어린 시절이 울고 있다 |

Beziehung. Paderborn, Junfermann 2006.

Siegel, Daniel : Pocket Guide to Interpersonal Neurobiology. New York, W.W.Norton&Company 2012.

Solomon, Marion F. und Daniel Siegel (Hg.) : Healing Trauma. Attachment, Mind, Body and Brain, New Yorkk, W.W.Norton&Company 2003.

Taleb, Nassim Nicholas : Antifragilität : Anleitung für eine Welt, die wir nicht verstehen. München, btb 2014.

Weiss, Halko et al. : Handbuch der Körperpsychotherapie, Stuttgart, Schattauer 2017.

트레이닝 자료 :

Pat Ogden, Sensorimotorsyychotherapy Institute
(https://www.sensorimotorpsychotherapy.org/home/indez.html)

Bodynamic : Foundation Training
(https://www.bodynamic.de, Foundation Training)

1   질병 분류 시스템은 세계보건기구(WHO)의 국제질병분류(ICD)와 미국 정
    신 의학회의 정신 질환 편람(DSM)이다. 증상에 따른 장애와 질병의 설명을
    통해 진단을 용이하게 하기 위해 만들어졌다.

2   내분비계는 우리 몸에서 호르몬을 분비하는 모든 신체 기관을 총칭한다.

3   바베테 로트쉴드, 『몸이 기억한다. 트라우마의 정신 병리학과 트라우마 치
    료』(5쇄), 에센. 신테티스 출판사(2011) 참고.

4   DanielJ. Siegel : Wie wir werden, die wir sind : Neurobiologische
    Grundlagen subjektiven Erlebens und die Entwicklung des Menschenn
    in Beziehung. Paderborn, Junfermann(2006).

5   http://traumaheilung.de/traumaheilung/wissensarchiv/hirnforschung/

6   Onno van der Hart, Ellert Nijenhuis, Kathy Steele : Das verfolgte
    Selbst : Strukurelle Dissoziation und die Behandlung chronischer
    Traumatisierung. Paderborn, Junfermann(2008).

7   Mallary Jean Tenore : What resilience research teaches us about our

ability to bounce back. Time Magazine. 2015년 6월 4일자를 참고하라.

8   Richard Davidson, Sharon Begley : Warum wir fühlen, wie wir fühlen:
     Wie die Gehirnstruktur unsere Emotionen bestimmt – und wie wir
     darauf Einfluss nehmen können. 2. Aufl. Münchenn, Arkana(2012).

9   SuzanneM.Retzinger : Violent Emotions:Shame and Rage in Martial
     Quarrels. SAGE Publications(1991).

10   https://www.ted.com/talks/brene_brown_on_vulnerability?
     language=de

11   Stephen M. Covey, Rebecca R. Merrill : Schnelligkeit durch Vertrauen:
     Die unterschätzte ökonomische Macht. 5. Aufll. Offenbach,
     GABAL(2009).

다미 샤르프 DAMI CHARF

프로이트의 제자이자 신체 심리치료를 최초로 주장했던 빌헬름 라이히의 계보를 이으며 최초로 '신체 감정 통합 치료법'(SEI, Somatische Emotionale Integration)®을 만든 심리치료사이자 트라우마 치료 전문가이다.

대학에서 사회교육학과 행동과학을 전공했으며 변형적 신체 심리치료, 신체 경험 보디내믹(Somatic Experiencing Bodynamic), 감각 운동 심리치료(Sensorymotoric Psychotherapy) 과정을 수료했다. 그 이후 32년 동안 심리치료사로 활동하는 과정에서 '인식' 위주의 치료보다 '몸'과 '관계' 위주의 치료가 훨씬 효과적이라는 것을 깨닫고 자신만의 심리치료법을 개발해냈다. 첫 책 『당신의 어린 시절이 울고 있다』(원제 : 오래된 상처도 치유될 수 있다Auch alte Wunden können heilen)에는 그녀의 몸 심리학 이론이 여러 임상 사례와 함께 잘 소개되어 있다.

과거의 비밀을 푸는 열쇠이자 상처의 치유제는 '정신'이 아닌 '몸'에 들어 있다고 주장하는 이 책은 수많은 독자들의 지지와 호응을 얻어내면서 2018년 아마존 심리 1위에 올랐고 지금까지도 계속 읽히고 있다.

서유리

국제회의 통역사로 활동하다 얼떨결에 출판 번역에 발을 들인 후 그 오묘한 매력에 빠져 아직도 헤어 나오지 못하고 있다.

옮긴 책으로는 『또 제 탓인가요?』, 『우연은 얼마나 내 삶을 지배하는가』, 『내 옆에는 왜 이상한 사람이 많을까?』, 『내가 원하는 남자를 만나는 법』, 『공간의 심리학』, 『당신의 과거를 지워드립니다』, 『내 남자 친구의 전 여자 친구』, 『사라진 소녀들』, 『상어의 도시』, 『카라바조의 비밀』, 『독일인의 사랑』, 『월요일의 남자』, 『언니, 부탁해』, 『관찰자』, 『타인은 지옥이다』, 『당신의 완벽한 1년』 등 다수가 있다.

당신의 어린 시절이 울고 있다

1판 1쇄 발행 | 2020년 1월 17일
1판 16쇄 발행 | 2023년 5월 12일

지은이 | 다미 샤르프
옮긴이 | 서유리
발행인 | 김태웅
책임편집 | 박지호 기획편집 | 정상미
디자인 | design PIN
마케팅 총괄 | 나재승
마케팅 | 서재욱, 오승수
온라인 마케팅 | 김철영, 김도연
인터넷 관리 | 김상규
제 작 | 현대순
총 무 | 윤선미, 안서현, 지이슬
관 리 | 김훈희, 이국희, 김승훈, 최국호

발행처 | (주)동양북스
등 록 | 제2014-000055호
주 소 | 서울시 마포구 동교로22길 14 (04030)
구입 문의 | 전화 (02)337-1737 팩스 (02)334-6624
내용 문의 | 전화 (02)337-1739 이메일 dymg98@naver.com
네이버포스트 | post.naver.com/dymg98
인스타 | @shelter_dybook

ISBN 979-11-5768-577-6 03180

이 도서의 국립중앙도서관 출판예정도서목록(CIP)은 서지정보유통지원시스템 홈페이지(http://seoji.nl.go.kr)와
국가자료종합목록 구축시스템(http://kolis-net.nl.go.kr)에서 이용하실 수 있습니다.
(CIP제어번호:CIP2019052620)